KB024687

궁궐의 고목나무

궁궐의 고목나무

宮闕

박상진 지음

— 동궐도,
옛 그림, 사진과
함께 보는 —

古木

눌와

들어가며

궁궐은 임금님이 살던 집이니 으리으리한 기와집과 함께 아름드리 고목나무가 있어야 제격이다. 필자는 2001년 졸저 《궁궐의 우리 나무》를 발간한 이후 궁궐마다 말없이 자리를 지키는 고목나무들에 줄곧 관심을 가져왔다. 그들은 수백 년 역사의 현장 지킴이로서 궁궐의 희로애락을 다 알고 있을 것이라는 생각에서다. 그러나 이야기를 끌어낼 관련 자료가 너무 부족했다. 궁궐의 나무를 관리하는 장원서라는 기관도 있었지만, 옛사람들은 하찮은 나무 관련 기록은 거의 남겨놓지 않았다. 그러다 문자 기록 이외에 화가들의 그림 속에도 실마리가 있지 않을까에 생각이 미쳤다. 우선 〈동궐도東闕圖〉란 그림이 생각났다. 200여 년 전인 19세기 초에 창덕궁과 창경궁을 상세하게 묘사한 궁궐도다. 대형 칠판보다도 더 큰 크기에 올컬러인 이 그림에는 건물과 함께 나뭇잎과 꽃까지 세밀하게 그려져 있다. 놀랍게도 오늘날 궁궐에서 만나는 고목나무를 〈동궐도〉에서 찾아보니 대부분이 그림에 그대로 살아 있었다. 또 지금은 사라졌지만 중요한 위치에 나무가 자라고 있기도 했다. 이에 〈동궐도〉 2본을 비교하며 고목나무를 확인하고, 당시 그 자리에서 어떤 의미였을지 찾아보고자 했다. 한마디로 궁궐 고목나무에 얽힌 이야기를 끌어내는 조금 무모한 도전을 한 셈이다.

고목나무의 굵기와 키, 나이 등 식물학적 측정값은 최근 문화재청에서 발간한 수목 조사 자료를 바탕으로 했다. 관련된 고전 자료는 대부분 한국고전종합DB를 활용하여 글을 쓰고 필자의 의견을 붙여 이야기를 풀어나갔다. 그러나 아쉽게도 필자가 끌어낸 고목나무 이야기는 명확한 근거 제시가 부족한 경우가 대부분이다. 따라서 명쾌한 결론을 내리기보다 추정하고 짐작한다는 필자의 주관적인 의견이 많이 들어갔다. 사실 수백 년을 한자리에서 살아가는 고목나무 이야기는 전설이 대부분인데 궁궐은 이런 전설마저 원천적으로 생기기 어렵다. 원고의 얼개를 만들고도 10여 년 망설여 오다가, 부족한 부분들은 후학들이 보완해 줄 것이라는 믿음으로 발간을 결정했다. 평소 필자의 글을 비판적으로 읽어주시고 조언을 아끼시지 않는 명지대 유홍준 석좌교수님의 격려도 용기를 낼 수 있는 계기가 되었다.

　　책은 〈동궐도〉에 나오는 창덕궁과 창경궁의 고목나무를 중점적으로 해설했다. 경복궁과 후원인 청와대 및 덕수궁의 고목나무는 겸재 정선 등 조선 후기 화가들의 그림과 의궤 및 개화기의 옛 사진 등을 참조하여 함께 다루었다. 아울러서 돌아가신 임금님의 안식처인 종묘도 이야기를 추가했다. 끝으로 〈동궐도〉 고려대본 및 동아대본 비교 내용을 감수해 주신 근현대미술연구소 목수현 소장님, 귀중한 연구 정보를 제공해 주신 이선 전통문화대 교수님, 조운연 문화재위원님을 비롯하여 도움을 주신 분들께 깊이 감사드린다.

2024년 5월
경북대학교 명예교수 박상진

차 례

궁궐의 고목나무

옛 이름 목멱산木覓山인 서울의 남산에 올라본다. 온통 빌딩숲이다. 조금씩 가렸지만 멀리 경복궁, 창덕궁, 창경궁과 그 아래의 종묘까지 500년 조선왕조의 도읍지 옛 한양의 모습을 부분적이나마 만날 수 있다. 아련히 보이는 산줄기는 인왕산, 북악산, 응봉鷹峯으로 이어져 초승달 모습으로 궁궐을 감싸고 있다. 우리의 산하 어디에서나 보듯 산과 산으로 끝없이 이어진다. 그러나 서울의 산들은 한 가지 특징이 있다. 화강암 덩어리가 그대로 드러난 골산骨山이라는 점이다. 수백 수천만 년 전부터 같은 모습으로 이어왔다. 태조 이성계가 새 도읍을 건설할 때도 같은 생김새였다. 처음부터 울창한 숲을 이룰 수 있는 자연환경은 아니었다. 지금도 그러하듯 소나무와 참나무 등 건조하고 척박한 땅에도 버틸 수 있는 수종들이 자리를 잡을 수밖에 없었다. 그래서 이 일대는 수종 구성이 단조롭고, 아름드리로 자란 고목나무는 찾기 어렵다.

한강이 만들어준 넓은 평야의 북쪽 끝자락에는 북악산과 응봉을 뒤로 두고 경복궁에서 시작하여 창덕궁과 창경궁이 차례로 들어선다. 전각을 짓고 좋아하는 꽃과 나무를 심어 정원을 만들었다. 주위의 자연 숲에는 크고 작은 정자를 지어 임금님의 휴식공간으로 삼았다. 바로 후원後苑

인왕산   북악산   응봉

서울 남산에서 본 서울 전경(인왕산, 북악산, 응봉)

이다. 창덕궁과 창경궁의 후원은 비교적 옛 모습을 잘 간직하고 있다. 경복궁의 후원인 청와대에는 1948년부터 대통령 관저로 쓰이면서 새로 심은 나무가 대부분이고 조선시대부터 자라던 고목나무는 몇 그루 남아 있지 않다. 조선의 궁궐은 임진왜란 등 우리 역사의 소용돌이를 거치며 창건 당시의 전각 건물이 모두 사라져버렸다. 지금 건물은 모두 훗날 다시 지은 것이다. 다만 전각 주변이나 후원의 몇몇 고목나무들이 용케 살아남아 지나온 세월을 말해주고 있다. 길게는 조선왕조가 들어서기 훨씬 전, 팔만대장경을 완성하고 얼마 지나지 않아 자라기 시작한 750~760살 향나무에서 사도세자의 비극을 고스란히 지켜본 300살 회화나무까지 사연을 간직한 고목나무들이 궁궐을 지키고 있다. 고목나무는 수백 년에서 때로는 천

궁궐의 고목나무

년을 넘겨 살아가는 생명체다. 한자리에서 나라의 대소사는 물론 임금님 가족의 희로애락까지 지켜보면서 자랐다. 그래서 궁궐의 고목나무는 나름의 사연이 많다. 고목나무마다 살아온 세월을 따라 들어가 보면 수많은 이야기를 끌어낼 수 있다.

고목나무가 가장 많이 남아 있는 궁궐은 창덕궁과 창경궁, 그리고 후원이다. 이곳의 고목나무는 약 200년 전에 올 컬러로 그린 〈동궐도 東闕圖〉에서 옛 모습을 그대로 볼 수 있다. 경복궁은 임진왜란 때 불타버린 후 방치했다가 고종 때 복원한 탓에 고목나무가 드물다. 덕수궁은 고종이 1897년 대한제국을 선포하면서 사용한 궁궐이라, 그 전부터 원래 자라던 고목나무 몇 그루 이외에는 역시 고목나무가 많지 않다.

이 책은 〈동궐도〉로 만나는 창덕궁·창경궁 및 후원을 중심으로 경복궁과 그 후원인 청와대, 덕수궁에 이어 조선의 임금과 왕비의 혼을 모신 사당 종묘까지, 이야기를 간직한 고목나무를 찾아가 본다.

고목나무란?

나지막한 동산을 뒤에 두르고 널찍한 들판을 내려다보는 시골 마을 어귀에는 흔히 아름드리 당산나무가 찾는 이를 반긴다. 우리 농촌의 대표적인 서정적 풍경이다. 아늑한 그의 품안은 뙤약볕 여름 농사에 지친 농민들의 안식처이며, 마을의 크고 작은 일을 결정하는 여론광장이었다. 대부분 옛날에 당산제를 지내던 고목나무로서 수백 년 때로는 천 년을 넘겨 살아남았다. 그러나 한국전쟁과 산업화를 거치면서 많은 고목나무가 수난을 당했다. 다행히 최근 들어서 전통문화에 대한 인식이 바뀌고 경제적인 여유가 생기면서 이런 고목나무들은 우리의 소중한 문화자산으로 보호되고 있다.

고목나무의 사전적인 뜻은 '주로 키가 큰 나무로, 여러 해 자라 더 크지 않을 정도로 오래된 나무'라고 했다. 지극히 포괄적이고 애매하지만 '살아 있는 오래된 나무'를 간단히 지칭하는 말이다. 나무 종류마다 다르지만 큰 나무의 경우 적어도 둘레 한 아름, 나이 약 100년 이상을 고목나무의 대략적인 기준으로 삼는다. 고목나무도 품격이 있다. 우리 주변에 자라는 이름 없는 일반 고목나무, 산림청에서 주도해 관리하는 보호수, 문화재청에서 지정 보호하는 시·도기념물과 천연기념물 등의 문화재 나무로 나뉜다.

보호수 고목나무

고목나무란 이름으로 우리 주위에서 흔히 만나는 나무는 대체로 3~4만 그루 이상이라고 필자는 추정하고 있다. 이 숫자는 우리 주변에서 만나는 고목나무이며 숲속에 자연 상태로 자라는 고목나무는 여기에 포함되지 않는다. 이런 일반 고목나무들은 아무런 제약이 없어서 소유자가 마음대로 베거나 팔아버릴 수 있다. 이들 중 특별히 보호해야 할 고목나무는 산림청의 지도 감독을 받아 각 지자체에서 보호수로 지정하여 관리하고 있다. 산림보호법 제13조에 의하여 보호수의 지정·고시를 하며 수종별 구체적 선정 규격은 지자체별로 따로 정하고 있다. 서울시의 예를 보면 소나무 나이 200년 지름 1.2m, 느티나무 나이 300년 지름 2m, 은행나무 나이 400년 지름 2.6m, 향나무 나이 200년 지름 0.7m, 상수리나무 나이 150년 지름 1m 이상 등 수종에 따라 선정 규격이 다르다.

이 선정 규격은 지자체별로 큰 차이가 없으며, 이 기준을 충족하지 않아도 노목, 거목, 희귀목으로서 고사 및 전설이 담긴 수목이나 특별히 보호 또는 증식할 가치가 있는 고목나무는 보호수로 지정할 수 있다. 보호수로 지정되면 국가가 관리하는 보호 리스트에 올라가니 함부로 훼손할 수는 없다. 이름 없는 고목나무로서는 우선 보호수라는 자그마한 벼슬이라도 얻기를 바랄 것이다. 그래야 사람들의 톱날을 피하여 하늘이 준 수명을 다할 수 있어서다.

우리나라에는 2022년 말 기준 1만 3868그루의 보호수가 있으며, 수종별로는 느티나무가 7249그루로 52.3%나 되어 전체 보호수의 반이 넘는다. 다음이 소나무 1765그루 12.7%이며 이어서 팽나무 1338그루 9.6%, 은행나무 768그루 5.5%, 버드나무 574그루 4.1%, 회화나무 363그루 2.6%, 향나무 235그루 1.7%, 기타 1576그루 11.4%의 순서로 이어진다. 전체 보호수 수종은 156종에 이른다. 따라서 필자가 추정하는 우리나라 전체 고목나무의 약 1/2~1/3만이 보호수란 이름으로 나라에서 관리받는 셈이다. 보호수로 새로 지정하려면 관리 예산이나 인력 등 해결해야 할 문제가 많지만, 그보다는 재산권 행사에 혹시라도 걸림돌이 될까 봐 소유주가 온갖 이유를 대고 반대하는 것이 가장 큰 걸림돌이다.

문화재 고목나무

일반 고목나무나 보호수 중에서 특별히 문화유산으로서 값어치가 있다고 판단되면 시·도기념물이나 천연기념물로 지정된다. 비로소 나무 나라 최고의 영예인 문화재 나무가 되는 것이다. 기념물 타이틀을 다는 순간 대접이 엄청 달라진다. 출입을 제한하는 담장이 쳐지고 연간 수백~수천만 원의 예산이 배정되며 유급관리직원이 임명되기도 한다. 아울러서 문화재보호법의 적용을 받으므로 나뭇가지 하나라도 함부로 꺾었다가는 크게 경을 친다. 물론 반드시 보호수라야 문화재 나무가 되는 것은 아니다. 일반 고목나무나 보호수가 시·도기념물이라는 과정을 거치지 않고 바로 천연기념물이 될 수도 있다. 보호수도 아닌 이름 없는 고목나무로 살다가 어느 날 전문가에게 발견되어 곧장 천연기념물로 벼락출세하는 경우도 있어서다. 문화재 나무는 시·도기념물이 약 165건, 천연기념물이 170건 정도로, 필자가 추정하는 우리나라 전체 고목나무의 1% 정도다. 문화재 나무가 되기는 그만큼 어렵고 힘들다.

고목나무의 보존 관리

나무는 일정한 수명을 가진 생물체이니 영구히 보존될 수는 없다. 아무리 정성을 쏟아 보호해도 강풍에 부러지고 넘어지며 병충해에 시달리기도 한다. 나무는 부피 생장을 하는 부름켜가 분열한 후 대부분의 세포는 몇 주에서 몇 달이면 거의 죽어버린다. 사실 아무리 굵은 고목나무라도 모든 세포가 다 살아 있는 실제 생존 부분은 부름켜를 중심으로 폭 1~2cm 정도의 반지 모양 고리뿐이다. 따라서 속이 썩어 큰 구멍이 생긴 고목나무라도 대부분 싱싱하게 살아 있다. 바람막이가 있거나 바람길에서 비켜나 있어야 넘어져 부러지지 않고 오랫동안 살아남을 수 있지만 말이다. 심지어 어린이들의 불장난으로 구멍 속이 시꺼멓게 타버려도 그대로 살아 있다. 그러나 최근 고목나무 보존을 위한 조치로 외과수술이나 흙덮기를 하여 오히려 나쁜 영향을 주고 있다. 땅눌림답압踏壓이나 생활공간의 협소와 오염 등의 자람 환경 개선도 큰 과제다.

　　나무 외과수술이란 고목나무가 썩어 생긴 빈 구멍을 인공수지로 메워 넣는 작업을 말한다. 그럴싸한 이름으로 포장되어 지금도 나무 외과수술은 곳곳에서 이루어지고 있지만 특별한 경우를 제외하고는 거의 불필요하다. 외과수술 대신 나무가 바람에 넘어지지 않게 받침대를 보강하고 병충해를 방제해 주는 것이 훨씬 효과적이다. 흙덮기는 나무 밑에다 흙을 덮어주는 것을 말한다. '북돋우다'라는 우리말이 식물이 잘 자라도록 흙으로 뿌리를 덮어주는 것에서 기원한 것처럼, 나무를 잘 자라게 하는 데는 흙덮기가 꼭 필요한 과정처럼 알려져 있다. 그러나 일반 농작물과는 달리 고목나무는 흙덮기가 오히려 나무에 독이 된다. 실제로 영양분을 흡수하는 나무뿌리는 땅 밑 10~20cm에 뻗어 있는 수많은 잔뿌리들인데, 이들은 잎이나 어린 가지가 붙은 지상부와 마찬가지로 숨을 쉬어야 한다. 흙덮기는 통풍을 방해하여 뿌리가 숨 쉬지 못하도록 숨통을 조이는 결과를 가져온다. 고목나무는 굵은 뿌리가 울퉁불퉁 노출된 상태 그대로 놔두는 것이 원칙이다. 그러나 최근 각종 개발을 명목으로 고목나무의 주변에서 환경개선 사업을 벌이는 경우가 많다. 고목나무의 생리를 이해해 그에 맞

썩어 없어진 부분을 그대로 둔 덕수궁 회화나무, 썩은 구멍을 인공수지로 메운 창덕궁 애련지 앞
느티나무

는 친환경 공사를 하는 것이 아니라 보기 좋게 만들고 쉼터의 기능까지 더
하기 위해서다. 주변에다 경계석을 높이 쌓고 수평을 맞추기 위하여 때로
는 깊이 1m 이상의 흙을 채워버린다. 이런 공사는 뿌리가 숨을 못 쉬게 하
여 고목나무를 서서히 죽어가게 만든다.

  땅눌림은 나무 밑으로 길이 나 있거나 쉼터로 개방되면서 사람들
이 너무 많이 출입하여 땅이 다져지는 현상이다. 흙덮기와 마찬가지로 공
기가 잘 통하지 않아 뿌리의 숨쉬기를 어렵게 한다. 고목나무가 처한 또
다른 어려움은 주어진 생활공간이 너무 좁다는 것이다. 특히 땅값 비싼 대
도시의 고목나무들은 정말 손바닥만 한 공간에서 겨우겨우 살아가는 경

우가 많다. 흘러들어온 생활오수에 시름시름 죽어가기도 한다. 또 지각없는 땅 주인들은 나무가 죽어버리기를 학수고대하고 심한 경우 몰래 독극물을 넣기도 한다.

지금 우리가 만날 수 있는 대부분의 고목나무들은 당산목이나 신목神木으로서 마을 사람들 공동의 신앙 대상이 된 덕분에 살아남았다. 하지만 이것만으로는 고목나무를 지키는 데 충분하지 않다. 마을의 수장들은 또 다른 예방책을 썼다. '동티 난다', '이무기가 산다', '날벼락 맞는다', '영물이 있다'는 등의 '공갈'을 의도적으로 퍼트린 것이다. 과학적인 상식으로 옳고 그름을 판단하는 세상도 아니었으니 옛사람들에게 이런 공갈은 대단히 효과적이었다.

궁궐의 고목나무

궁궐은 임금의 공간이니 나라를 다스릴 위엄 있는 커다란 건물과 아울러서, 왕비와 왕자와 함께 살아가는 생활공간으로서 살림집도 필요하다. 그래서 궁궐을 찾아가면 눈에 들어오는 것은 온통 기와집과 기와집으로 이어진 전각뿐이다. 하지만 궁궐에는 전각만 있는 것이 아니다. 생명은 없고 겉모습만 남은 건물 말고도 수백 년 살아 숨 쉬는 생명체, 나무들이 자란다. 고목나무는 불타고 찢기고 할퀴이는 수난의 와중에도 변함없이 같은 자리에서 궁궐을 지켜왔다. 마주하고 앉아, 지나온 그들의 삶들을 찬찬히 알아보고 싶어진다. 가만히 눈을 감아보면 나무를 매개로 펼쳐지는 역사의 장면 장면이 하나씩 뇌리를 스쳐간다. 이들 중 파란만장한 조선왕조의 영욕을 그대로 나이테에 새겨가면서 오늘도 살아 있는 고목나무들이 여럿 있다. 궁궐 중 경복궁은 중건하면서 원래 있던 나무들을 베어버리고 새로 지은 탓에 중건 이전부터 자라는 고목나무는 없다. 덕수궁은 드문드문 행궁의 기능도 했으며, 정동 일대는 선비들의 집터이기도 했으므로 고목나무가 없지는 않았다. 그러나 1904년 대화재로 회화나무 몇 그루만 겨우 남아 있다. 반면에 조선왕조 500년 내내 궁궐로 쓰인 창덕궁과 창경궁에는 조선의 역사를 말해주는 고목나무들이 여럿 남아 있있다. 후원을 포함한 창덕궁에는 대체로 100여 그루의 고목나무가 있으며 수종은 느티나무가 압도적으로 많고 회화나무, 주목 등 18종의 고목나무를 만날 수 있다. 훼손이 심한 창경궁에는 30여 그루의 고목나무가 있다.

궁궐 고목나무의 나이

고목나무를 만나면 사람들이 궁금해하는 첫 번째는 '몇 살이냐?'다. 사실 궁궐에 자라는 고목나무의 나이는 궁궐의 역사를 아는 데 매우 중요하다. 어느 임금 때 왜 심었는지, 얼마나 나무를 아끼고 가깝게 지냈는지를 짐작하는 기본 자료이기 때문이다. 그러나 고목나무 나이는 측정도 어렵고 또 정확하지도 않다. 나이 추정 방법은 이렇다.

첫째는 생장추生長錐라는 기구로 나무의 속고갱이를 뽑아내어 나이테 숫자를 세는 방법이다. 온대지방인 우리나라는 1년에 하나씩의 나이테가 생기므로 가장 정확한 나이를 알 수 있다. 그러나 고목나무는 거의 속이 썩어버리므로 한계가 있다. 이럴 때는 주위에 자라는 같은 수종의 나

나무 나이를 측정할 수 있는
생장추로 줄기의 속고갱이를
뽑아내는 모습

이가 좀 젊은 나무를 조사하여 통계적인 방법으로 나이테 폭의 변동을 계산한다. 썩은 부분의 나이를 추정하여 합치면 나이가 나온다. 이런 한계가 있고 번거롭기도 하지만 실제로 궁궐의 고목나무 나이를 알 수 있는 가장 정확한 방법이다.

둘째는 나무의 굵기로 나이를 추정하는 것이다. 평균 나이테 폭만 측정할 수 있다면 비교적 간단하다. 예를 들어 직경 100cm인 고목나무의 평균 나이테 폭이 0.4cm라면 나무의 배꼽인 수심髓心이 가운데 있으므로 반지름 50cm에서 0.4cm를 나눠 나이는 125년이 된다. 그러나 환경이나 수종에 따라 나이테 폭은 크게 차이가 나므로 평균 나이테 폭을 추정하는 방법이 마땅치 않다. 자라는 곳의 흙과 땅 깊이, 햇빛, 수분, 온도 등 수많은 인자에 따라 한 해 동안 자랄 수 있는 나이테 폭이 크게 달라지기 때문이다.

셋째는 전설에 따른 나이다. 고목나무는 살아온 오랜 세월만큼이나 전해지는 이야기를 품고 있는 경우가 많다. 우리나라 고목나무 나이는 대부분 전설의 나이다. 전설의 사전적인 뜻은 '오래전부터 전해 내려오는 말이나 이야기'다. 대부분 허황한 내용이지만 때로는 믿을 만한 내용이 들어 있기도 한다. 경기도 양평의 용문사 은행나무는 마의태자가 짚고 다니던 지팡이를 꽂아 자랐다고 하여 1100살, 경남 함양군청 앞의 느티나무는 조선 초기의 대학자 김종직 선생이 함양군수로 재직하다 떠나면서 심었다고 전해지므로 550살 등이다. 궁궐에도 창덕궁 동궁 영역인 성정각 옆의 매화나무는 임진왜란 때 명나라에서 가져왔다는 전설에 따른다면 400살이 된다. 그렇지만 대부분의 궁궐 안 고목나무는 엄숙한 임금의 공간에 자라므로 전설이 얽히기는 애초부터 어렵다.

넷째는 관련 학자들이 모여서 살피고 정하는 고목나무 나이다. 최근 고목나무를 천연기념물 등 문화재 나무로 지정하면서 그 모양새, 굵기, 지형, 역사적인 자료 등을 참조하여 나이를 결정하고 있다. 전설 나이보다는 조금 과학적이지만 부정확하기는 마찬가지다. 예를 들어 창덕궁 궐내 각사 규장각 뒤의 향나무 고목은 1968년 천연기념물로 지정 당시 700살, 후원 깊숙이 자라는 다래나무는 1975년 천연기념물 지정 당시 600살로 참여한 학자들이 결정했다. 이를 기준으로 2024년 나이는 각각 756살, 649살이 되는 셈이다. 그러나 대부분의 고목나무 나이를 한 자리 숫자까지 말하는 것은 의미가 없다. 나무를 심은 기록이 있는 경우가 아니면 고목나무 나이는 개략적인 추정 나이일 뿐이다.

다섯째는 후계목의 나이다. 고목나무는 수명이 다하거나 자연재해 등 여러 원인으로 죽어 없어지는 경우가 많다. 그대로 빈터로 남겨놓기도 하지만 심을 당시의 의미를 되살려 대부분 다시 심는다. 간혹 맹아력이 강한 은행나무나 매화나무 등은 움이 터 다시 자라기도 한다. 이런 후계목은 실제의 생물학적 나이가 아니라 원래 있던 고목나무의 나이로 계산한다. 예를 들어 창덕궁 성정각 자시문과 칠분서 앞의 매화나무는 실제 나이는 100살 남짓이지만 임진왜란 때 명나라에서 가져왔다는 전설에 따라 약 400년 된 것으로 생각한다.

이 책에서 다룬 고목나무 나이는 문화재청에서 발간한 자료를 기준으로 했다. 창덕궁과 창경궁은 《동궐의 주요 식생 분석 및 가림시설 원형 고증연구》(2016), 경복궁은 〈경복궁 수목대장〉(2009), 덕수궁은 《덕수궁 조경정비 기본 계획》(2016), 종묘는 《종묘 식생 분석 및 전통조경 관리방안 연구》(2016)를 기본으로 했으며 필요에 따라 다른 자료를 참조했다.

궁궐 나무 심기 원칙

도선국사 이후 풍수 사상은 우리 사회의 기본을 이루고 있었다. 조선왕조는 유교 사상을 나라의 정신적 지주로 삼았지만 궁궐을 짓는 데 흔히 말하는 '명당 찾기'에서 크게 벗어나지는 않았다. 풍수 사상의 기본인 '왼쪽에 물이 있고 오른쪽에 길이 있으며 앞에는 못이 있고 뒤에는 언덕이 있다'면 집을 지을 장소로 모자람이 없다는 것이다. 그러나 이렇게 완벽한 조건을 갖춘 곳을 찾기는 쉽지 않다.

조선의 궁궐을 설계한 사람들은 풍수 사상을 기본으로 원칙을 하나 더 추가했다. 주위에 나무를 심고 가꾸는 조경이다. 우리와 함께해 온 전통조경의 개념은 자연 친화다. 일본이나 중국처럼 철저히 인위적이거

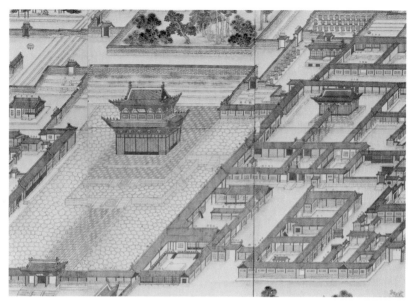

〈동궐도〉– 인정전과 선정전 일원. 전각 안마당에는 나무를 심지 않았다.

나 자연을 압도하려는 거창한 조경이 아니다. 있는 그대로의 자연에 순응
하는 것이다. 단순하고 소박하면서도 결코 초라하지 않게 건물과 어울려
따뜻하고 아늑한 분위기를 만들어주는 것이 우리 조경이다. 실행 단계에
서 나무 심기에도 아름다움과 편의성만 추구하지 않고 깊은 성찰을 담았
다. 그리고 몇 가지 이유로 주요 전각 건물의 안마당에는 나무를 심지 않
았다.

　　첫째, 임금을 해치려는 자객이 나무에 가려 보이지 않으면 낭패이
기 때문이다. 둘째, 궁궐 건물 마당 안의 나무는 문밖에서 볼 때 한자로는
門(문)에 木(나무)이 더해져 閑(막을 한)이 된다. 나라의 번성을 가로막는 의
미가 되는 것이다. 셋째, 담 안쪽의 가운데에 나무가 있으면 역시 한자로

　　　　　　　　　　　　　　　　　　　　　　　궁궐의 고목나무

口의 가운데 木이 들어 있는 형국이니 괴롭고 곤란하다는 뜻의 困(곤란할 곤)이 되므로, 그 또한 왕조의 앞날을 암담하게 만들 수 있다는 뜻이 된다.

한편 전각 안에 혹시 나무를 심더라도 지붕 높이보다 더 자라는 것을 꺼렸다. 나무가 정기精氣를 빼앗아 간다고 생각한 것이다. 또 나무가 오래되어 너무 크게 자라면 바람에 넘어져 건물이 망가지거나 사람이 다칠 수 있다. 이래저래 궁궐 전각 안의 나무 심기는 득보다 실이 더 많다.

궁궐의 전각은 전란이나 화재로 불타버리고 다시 짓기를 반복한다. 그때마다 주변의 나무들도 서울을 비롯한 중부 지방에 자라는 여러 나무들과 중국에 들여온 조경수를 새로 심었다. 이렇게 전통적으로 이어오던 궁궐의 조경은 20세기 초 침략을 시작한 일본이 의도적으로 조선왕조를 폄하할 목적으로 건물을 헐어내고 구조를 바꾸는 과정에 기본부터 흔들려 버렸다. 가장 두드러진 특징은 그들의 대표 꽃나무인 벚나무를 궁궐에 들여오는 일이었다. 일제강점기가 시작되면서 일본에서 직접 벚나무를 가져와 궁궐은 온통 벚나무로 뒤덮였다. 다른 궁궐에도 마찬가지지만 특히 창경궁의 동물원 일대는 서울의 '밤 벚꽃놀이' 명소가 될 만큼 대량으로 심었다. 다행히 우리 손으로 궁궐을 복원하면서 창경궁 벚나무의 대부분은 제거되었고 자연적으로 자라는 산벚나무만 일부 남아 있다.

〈동궐도〉와 창덕궁·창경궁

〈동궐도〉 둘러보기

조선의 첫 궁궐 경복궁을 완공한 지 10년 후 또 다른 궁궐이 필요하여 태종 5년(1405) 이궁離宮으로 새로 지은 궁궐이 창덕궁이다. 다시 약 80년이 흐른 성종 15년(1484) 대비를 모실 궁궐로 창경궁을 추가로 짓는다. 이렇게 조선 초기의 궁궐은 경복궁·창덕궁·창경궁 체제로 이어오다 선조 25년(1592) 임진왜란을 맞아 모두 잿더미가 된다. 전쟁이 끝난 광해군 7년(1615) 궁궐을 재건하면서 경복궁은 불탄 채로 놔두고 창덕궁과 창경궁만 복원한다.

이어서 경희궁(경덕궁)을 지어 임진왜란 이후에는 창덕궁과 창경궁을 합친 동궐東闕과 경복궁의 서쪽에 있다고 서궐西闕이라 부르는 경희궁이 궁궐로 쓰였다. 조선 말기에 흥선대원군이 불탔던 경복궁을 다시 짓고, 고종이 대한제국 선포 후 덕수궁(경운궁)을 중건하였다. 이렇게 해서 서울에는 경복궁·창덕궁·창경궁·경희궁·덕수궁까지 다섯 궁궐이 있게 된다. 그러나 조선시대에 가장 오래 쓰인 궁궐은 창덕궁과 창경궁이다.

〈동궐도〉는 200여 년 전인 19세기 초에 창덕궁과 창경궁을 올 컬

〈동궐도〉(19세기 초, 고려대학교박물관 소장)

러로 그린 궁궐 그림이다. 그림 왼쪽에 창덕궁, 오른쪽에 창경궁을 배치하고, 윗부분에는 후원 영역이 그려져 있다. 크고 작은 궁궐 건물 뒤로 후원의 넓은 숲이 펼쳐있고 사이사이에 정자도 갖추고 있다. 후원 서쪽 끝자락에는 명나라 황제의 신위에 제사 지내던 대보단(황단皇壇)이 그려져 있다. 나무 잎사귀 하나에서 건물의 창문까지 그려 넣은 정교함과 아름다운 채색에 감탄한다. 나라의 지존인 임금님의 내밀한 공간을 오늘날의 세밀화 수준으로 그린 것이다. 〈동궐도〉를 처음 접하면 우선 엄청난 크기에 놀란다. 가로 576cm, 세로 273cm에 이른다. 학교 교실의 칠판보다 훨씬 크다. 그림은 파노라마처럼 이어지는 구도로 전체를 한눈에 쉽게 파악할 수 있고 자연스러운 공간을 연출한다. 수많은 건축물을 계선界線으로 정확하게 표현하고 건물마다 이름을 적어놓았다. 그 외 연못과 개울, 다리, 우물과 장독대, 판석, 나무가림판인 판장板墻, 산울타리 형태의 취병翠屛, 괴석과 드므 같은 작은 물건도 세밀하고 정교하게 묘사했다. 해시계와 측우기 같은 과학시설까지 실제와 같은 모습으로 나타냈다. 전체적으로는 평행사선구도와 부감법俯瞰法을 활용하여 세밀하게 묘사했고, 공간감을 정확하게 재현하였다.

실제의 창덕궁과 후원 및 창경궁의 동궐 영역은 세로가 긴 직사각형이다. 그러나 동궐도를 보면 가로가 세로보다 두 배가 훨씬 넘게 옆으로 긴 사각형이다. 전각이 있는 일대를 세밀하게 크게 그리고, 일부 건물을 제외하면 대부분이 숲인 후원 영역은 실제보다 훨씬 축소하여 그렸다. 또 창덕궁의 인정전, 대조전, 중희당과 창경궁의 명정전, 자경전 등 궁궐의 주요 건물은 실제보다 더 크게 그려 중요도를 강조했다. 때문에 그림에서 아래쪽 나무들이 위쪽의 나무들보다 훨씬 크고 선명하게 더 정성스럽게 그려졌다.

건물 주변 및 배경이 되는 산과 언덕에는 수많은 나무가 그려져 있다. 나무의 표현은 있는 그대로 전체를 모두 나타내지 않고 선택적으로 그렸다. 그림의 구도를 생각하여 모양새가 좋은 나무를 골라내고 여러 그루가 한꺼번에 있을 때는 한두 그루만 골라서 나타낸 것으로 짐작된다. 또 크고 꼭 그려 넣어야 할 나무일지라도 건물을 가리는 경우는 생략했다.

언제 누가 그렸는지도 궁금하다. 관련 기록이 아무것도 남아 있지 않지만 그림에 나타난 궁궐 건물의 존재 여부, 화재로 인한 전각의 소실 여부, 현판 명칭들을 참조하면 시기는 순조 때 그려진 것이 틀림없다고 한다. 정확한 제작 연대는 아직도 명확히 밝혀져 있지 않다. 순조 24년(1824)~순조 27년(1827) 제작설 및 순조 28년(1828)~순조 30년(1830) 제작설 등이 있다. 아직 논쟁은 있지만 어쨌든 〈동궐도〉는 19세기 초에 제작한 그림이라는 사실은 이의가 없는 것 같다. 〈동궐도〉를 어디에다 쓰려고 누가 만들었는지는 아직 명확하게 밝혀진 바가 없다. 이렇게 엄청난 크기의 채색 그림을 3질이나 만든 것으로 추정된다. 그러나 지금은 2질이 남아 있으며 금단의 땅인 궁궐 내부를 자세히 묘사했다는 사실은 왕실에서 관여하지 않고는 만들 수 없음을 말해준다. 이 시기는 훗날 익종으로 추존된 순조의 아들 효명세자가 대리청정을 하던 시기(1827~1830)와 거의 일치하므로 그가 주도했을 것으로 짐작하는 의견이 대부분이다. 〈동궐도〉는 현재 고려대박물관과 동아대박물관에 각 1질씩이 전하고 있다. 고려대본은 16권의 화첩으로 구성되어 있으며 각 화첩은 5절 6면이다. 표지마다 '동궐도 인1人一, 동궐도 인2, … 동궐도 인16'과 같이 일련번호가 적힌 제첨題簽이 붙어 있다. 동아대본도 마찬가지이었을 것이나 화첩을 해체하여 병

16권 화첩으로 구성된 고려대본 〈동궐도〉 표지

풍 형태로 표구를 하는 등의 과정을 거치는 동안 제첨은 남아 있지 않다. 애초에는 천天·지地·인人의 3질이 제작되었을 것으로 짐작하며 고려대본 이 '인'이므로 동아대본은 '천' 또는 '지' 중의 하나일 것이다. 나머지 1본은 현재까지도 행방을 찾을 수 없다. 고려대본과 동아대본 2본은 함께 국보 249호로 지정되어 있다.

　〈동궐도〉의 제작에는 궁궐 도화서에 소속된 화가들 중에 실력이 뛰 어난 화가가 참여한 것으로 짐작할 뿐 참여한 화가의 이름은 알려져 있지 않다.

〈동궐도〉로 만나는 나무 세상

〈동궐도〉에는 540여 채에 달하는 전각 건물과 함께 수많은 나무가 그려져 있다. 전각은 있는 그대로 세밀하게 묘사하고 전각 이름까지 일일이 적어 넣었지만 나무는 많이 생략했다. 숲의 나무 하나하나를 사진처럼 그대로 표현할 수는 없으니 너무 어리거나 전체적인 구도에 맞지 않거나 전각을 크게 가리는 나무는 대부분 제외한 것으로 보인다. 그림 속의 나무를 일일이 세어본 김현준·심우경 논문에 따르면 전체 4075그루라고 한다. 이 중 바늘잎나무가 862그루(21%), 넓은잎나무가 3213그루(79%)이며 소나무가 787그루(19%)로 가장 많다.

우선 옛사람들이 알고 있던 나무의 종류는 얼마나 될까? 오늘날 식물분류학의 분류체계에 따른 종, 변종, 품종까지 포함하여 한반도의 전체의 수종은 대체로 1천여 종이 조금 넘는다. 그러나 방대한 조선왕조실록에서 찾을 수 있는 나무는 약 100여 종이다. 그 외 각종 의서나 농서 및 문집 등의 문헌에 등장하는 나무도 수십 종에 불과하다. 19세기 초에 발간된 일종의 어휘사전인 《물명고物名考》에는 200여 종의 나무 이름과 간단한 설명이 실려 있다. 옛사람들은 비슷비슷한 나무들을 꼭 구별해야 할 필요가 없었다. 더욱이 숲속에 자라는 작은 나무들은 약재를 찾는 의관이나 특별히 관심을 가진 이가 아니라면 구태여 이름을 알아야 할 이유도 없었다. 직접 농사를 짓고 땔나무를 해야 하는 일반 백성들은 매일 만나는 나무들의 이름과 특징을 잘 알고 있으니 조선시대에 나무 종류를 가장 많이 알고 있었을 사람들이다. 그러나 이들은 불행히도 글을 몰랐으니 나무 이름을 기록으로 남길 수 없었다. 반면 기록을 할 수 있는 선비들은 글 읽고

〈동궐도〉와 창덕궁·창경궁

공부하느라 서원이나 자기 집 주변의 몇몇 나무들밖에 알 수 없었다. 때문에 선비들의 문집이나 《훈몽자회訓蒙字會》,《방언유석方言類釋》,《왜어유해倭語類解》 등에 기록된 나무의 종류는 40~50종에 불과하다. 어차피 그림을 업으로 삼는 화가들도 붓놀림에 익숙한 '먹물'들이니 알고 있는 나무는 제한적일 수밖에 없다. 실제로 조선 후기의 그림에서 찾을 수 있는 나무의 종류는 60~70여 종, 좀 많게 잡아도 100여 종이다. 선비들이 알고 있는 나무 종류와 화가들이 알고 있는 나무 종류는 거의 비슷했다고 봐야 한다. 그렇지만 산수화나 영모화를 잘 그리는 화가들은 나무의 정확한 특징을 잡아내야 하니 일반 선비들보다는 좀 더 많이 알고 관심도 더 많았을 것 같다.

〈동궐도〉는 어느 계절의 나무들을 그대로 묘사한 실경산수화가 아니다. 궁궐 건물을 중심으로 여러 시설물을 묘사한 정밀기록화다. 전각이 주체이므로 건물 주변을 둘러싸고 있는 나무는 부수적일 수밖에 없다. 건물이 더 잘 드러나고 아름답게 보이도록 하는 장식적인 성격이 강했다. 〈동궐도〉에서 숲은 잎이 핀 넓은잎나무와 꽃나무가 같이 그려져 있다. 그러나 실제로 매화나무나 복사나무, 진달래나 철쭉 등의 꽃나무는 양력 4월 중하순경 거의 같은 시기에 꽃이 한꺼번에 핀다. 이때는 대부분의 넓은잎나무는 잎을 펼 준비를 하고 있을 뿐 막상 잎을 내지는 않는다. 잎이 가장 먼저 나는 귀룽나무 정도가 이런 꽃나무들과 거의 같은 시기에 잎을 내민다. 대부분의 넓은잎나무들은 봄꽃이 지는 4월 중하순에 잎이 피기 시작하고 〈동궐도〉 그림의 잎이 난 나무와 같은 모습이 되려면 거의 5월 중순이나 되어야 한다. 궁궐에 흔한 회화나무 등 일부 수종은 이보다도 더 늦게 잎을 낸다. 따라서 〈동궐도〉처럼 꽃나무와 잎이 다 돋은 넓은잎나무

〈동궐도〉 - 빈청 뒷산 언덕. 잎이 다 돋은 넓은잎나무와 꽃나무가 함께 그려져 있으나 현실에서는 가능하지 않다.

가 같이 섞여 있는 모습은 현실에서는 있을 수 없다. 잎 모양으로 봤을 때 〈동궐도〉는 어느 계절을 정지화면으로 상정하여 보이는 모습을 그대로 묘사한 그림은 아니다. 나무마다 가장 아름다운 때의 모습을 따로따로 그려 넣어 완성한 그림이다. 봄의 꽃나무와 잎이 핀 여름나무 모습을 담았을 뿐, 가을 단풍과 겨울나무의 모습은 〈동궐도〉에서 전혀 찾을 수 없다.

좀 더 구체적으로 알아보자. 〈동궐도〉의 나무들은 늘푸른 바늘잎나무, 잎이 핀 상태의 넓은잎나무, 꽃이 피어 있는 꽃나무로 크게 셋으로 나누어 볼 수 있다. 우선 바늘잎나무에서 소나무와 잣나무처럼 전형적인 바늘잎을 가진 나무는 짧은 선으로 표현했다. 전나무나 주목 등 잎이 짧고 납작한 선 모양인 나무들은 명확하지는 않으나 조금 두껍게, 소나무와 같은 바늘잎과 약간 차이를 두고 그렸다. 한편 향나무는 소나무와 같은 모습으로 그렸으나 줄기의 형태가 곧지 않고 비스듬하거나 비틀려 있는 것으로 구별된다. 측백나무는 잎이 비늘잎鱗葉이고 옆으로 눌린 것처럼 납작하므로 백엽점栢葉點이라는 점법點法으로 나타내나 선원전 앞에 있는 측백나무의 경우 〈동궐도〉에는 바늘잎으로 나타냈다.

넓은잎나무는 완전히 잎이 난 개엽 상태와 잎이 나고 있는 반개엽 상태의 나무로 나눌 수 있다. 〈동궐도〉에서 잎이 완전히 난 나무로는 귀룽나무, 음나무, 단풍나무를 들 수 있고 초록이나 청색으로 비교적 색이 진하게 그려져 있다. 그 외 대부분의 나무도 잎이 완전히 핀 개엽 상태를 그렸다. 궁궐에 가장 많고, 옅은 흑갈색이면서 잎이 길고 약간 늘어진 형태의 상수리나무나 참나무 등이 모두 잎이 완전히 난 상태다. 잎이 나고 있는 나무로는 연한 황록색의 삼각형 등 각형으로 나타낸 느티나무가 대표적이다. 특히 고려대본에서 흔히 찾을 수 있다. 같은 위치의 현재 느티나무 고목과 비교하면 더욱 반개엽 상태가 명확하다.

꽃나무로는 키가 작은 진달래나 산철쭉, 줄기가 곧은 경향이 있고 분홍 꽃인 복사나무, 줄기가 구부러지거나 꼬여 있고 분홍 꽃에 흰 꽃이 섞인 형태로 묘사된 매화나무가 있고, 줄기가 좀 곧고 분홍 꽃에 흰 꽃이 섞인 꽃나무는 살구나무로 짐작된다.

〈동궐도〉에서의 수종 찾기

〈동궐도〉를 확대해 보면 섬세한 필치에 놀란다. 마치 오늘날의 세밀화를 보는 듯하다. 나무도 전각과 마찬가지로 먹과 채색물감으로 그렸음을 알 수 있고 잎과 줄기가 상세히 묘사되어 있다. 〈동궐도〉를 펼쳤을 때 가장 먼저 명확하게 눈에 띄는 나무는 동쪽과 서쪽 가장자리에 무리로 그려진 능수버들이다. 이른 봄날, 능수버들이 노란 버들가지를 아래로 드리운 모습을 그대로 보여준다. 서쪽으로 창덕궁 금천교 주변과 동쪽으로 창경궁 홍화문 밖 및 마랑 앞에는 70여 그루의 능수버들이 그려져 있다.

능수버들에 이어 금방 찾아낼 수 있는 나무들은 잎이 청록색으로 그려져 독특한 넓은잎나무들이다. 추정 수종은 귀룽나무·음나무·단풍나무 등이며 회흑색으로 그려진 다른 잎들과 명확하게 차이가 난다. 그림을 한층 풍성하고 화려하게 해주는 나무들이다. 소나무를 비롯해서 뾰족한 잎으로 나타낸 바늘잎나무도 넓은잎나무와 구별해 내는 데 무리가 없다. 복사나무, 매화나무, 산철쭉 등의 꽃나무 무리들은 꽃 색깔이나 꽃잎 모양을 서로 구별하여 나타내지는 않았으나 줄기 생김새나 나무의 크기 등으로 대체적인 수종은 짐작할 수 있다.

잎을 묘사한 필치를 서로 비교해 보면, 수종마다 약간씩 차이가 있지만 대체로 실제 생김새를 그대로 옮기려고 노력한 흔적이 보인다. 넓은 잎나무로서 고목나무가 가장 많은 느티나무는 거의 잎 모양 그대로 묘사되고 있으며 특히 고려대본에서 금천교 건너의 느티나무 고목 잎은 더욱 실제에 가깝다. 그러나 오늘날 모두 살아 있는 창덕궁 돈화문 안의 8그루 천연기념물 제472호 회화나무는 잎의 독특한 깃꼴 모양이 전혀 표현되어 있지 않다. 동궐의 여러 그루 회화나무 중 창경궁 선인문 앞 회화나무 단 1그루만 강희언이 그린 〈사인삼경士人三景〉처럼 잎 모양이 세밀화 수준으로 그대로 나타난 춘엽점椿葉點으로 그려져 있다.

〈동궐도〉– 창경궁 선인문 회화나무, 〈사인삼경〉(강희언, 18세기, 개인 소장) 회화나무

그 외 넓은잎나무는 잎 모양으로 구별하기에는 한계가 있어, 산벚나무처럼 줄기 껍질 표면에 가로로 생긴 껍질눈皮目피목 등 특징이 묘사되었을 때만 알아낼 수 있다. 바늘잎나무의 경우는 종류도 몇 안 되지만 넓은잎나무보다는 구별하기 훨씬 쉽다. 가장 많은 소나무는 바늘잎을 그대로 묘사했다. 향나무는 줄기를 정선의 〈노백도老栢圖〉처럼 구불구불 용틀임으로 표현하여 찾아낼 수 있다. 다만 잣나무는 구별이 어렵다.

창덕궁 궐내각사의 규장각 뒤, 궁궐에서 가장 나이가 많은 터줏대감 향나무는 용틀임하는 줄기 모양이나 잎 생김새, 심지어 받침대까지 상세하게 그려두었다. 전나무는 곧은 줄기와 약간 옆으로 뻗는 가지 모습이 잘 드러나 있다. 잎 모양이 서로 다른 주목과 측백나무는 따로 구별하지 않고 서로 뒤섞어 나타낸 경우가 많아 찾아내기 어렵다.

조선 후기에 오면서 중국의 화보나 그림을 모방하는 단계를 벗어나 우리의 산천을 직접 답사하고 자신의 마음을 담아 그 모습을 그리는 진

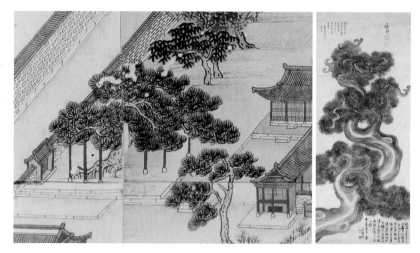

〈동궐도〉 – 규장각 향나무, 〈노백도〉(정선, 18세기 전반, 리움미술관 소장) 향나무

경산수화가 유행하기 시작했다고 한다. 〈동궐도〉가 그려진 때는 진경산수
화가 유행하던 시기지만 나무 그림에 기준으로 삼은 자료는 따로 있었다.
조선 중기 중국에서 들어온 《개자원화보芥子園畫譜》나 《고씨화보顧氏畫譜》
등 그림의 기법을 도식으로 정리한 책을 절대적으로 참조한 것 같다. 나무
의 줄기와 가지 뻗음은 수지법樹枝法을 기본으로, 나뭇잎 묘사는 《개자원
화보》의 점엽법을 그대로 따르거나 변형하여 그린 것으로 보인다.

　　〈동궐도〉에는 나무 둘을 한 쌍을 이루게 그린 경우가 유난히 많다.
둘이 아주 가까이 있거나 상당히 거리를 둔 경우도 있다. 창덕궁 영화당
앞과 규장각 앞의 전나무, 옥당 앞의 측백나무와 옥당 뒤의 회화나무 등
주요 전각의 앞뒤에 심은 나무도 흔히 대칭이다. 그 외 후원 숲의 여러 소
나무나 참나무도 대칭 표현이 많다. 오늘날 후원 입구인 대종헌 자리의 소
나무와 느티나무처럼 종류가 다른 나무도 쌍으로 흔히 나타냈다.

〈동궐도〉와 창덕궁·창경궁

〈동궐도〉– 창송헌의 대칭 소나무, 진파리 1호분 북쪽 벽화에 대칭식재로 그려진 두 소나무

자연 상태에서 대칭으로 자라는 경우가 없진 않으나 〈동궐도〉에는 대칭 나무가 굉장히 많다. 의도적으로 그려 넣은 것 같다. 또 옛사람들이 나무를 심을 때 일부러 대칭으로 심는 경우도 심심치 않게 있었다. 두 나무 사이의 거리가 너무 가까우면 자라면서 줄기가 한 나무로 합쳐져 연리連理가 된다. 안동 용계리의 천연기념물 제175호 은행나무는 2그루를 아주 가깝게 심어 나중에 연리가 된 나무라고 하며, 역시 나주 상방리의 천연기념물 제516호 호랑가시나무는 암수 두 나무가 연리되어 한 나무처럼 자란다. 대칭 식재의 전통은 고구려 진파리 1호분 〈쌍수도雙樹圖〉에서 볼 수 있듯 역사가 오래되었다.

이렇게 대칭 식재를 하는 이유는 명확하지 않으나 음양 사상과도 연관이 있는 것으로 보이며 하늘과 땅, 남과 여, 명明과 암暗 등 우주 만물의 이치를 형상화한 것이라고 한다. 쌍으로 심은 나무는 서원이나 향교 등에서 예를 찾을 수 있으며 서산 송곡서원 입구의 천연기념물 제553호 향

① 〈동궐도〉 – 창경궁 남쪽 궁장 귀룽나무, 4월 초순의 귀룽나무 잎

나무가 대표적이다. 호랑가시나무처럼 암수가 다른 나무는 암수를 같이 심어 음양의 화합을 도모하고, 암수 구별이 안 되는 나무여도 대칭으로 심어 역시 음양의 이치를 강조한 것으로 짐작된다.

■1 귀룽나무

〈동궐도〉에서 가장 흔히 눈에 띄는, 갸름한 청색 잎사귀로 묘사된 나무는 무슨 나무가 모델일까? 필자는 귀룽나무라고 생각한다. 우선 이른 봄 궁궐을 가보면 다른 나무들이 겨우 싹을 틔울 즈음인 3월 말~4월 초에 귀룽나무는 벌써 초록 잎을 거의 다 펼치고 있다. 귀룽나무는 궁궐에서 잎이 가장 먼저 나는 나무다. 산수유, 진달래, 매화 등의 이른 봄꽃이 피는 시기와 거의 같이 귀룽나무는 잎을 내민다. 다른 나무들이 겨울 모습 그대로이니 금방 눈에 띌 수밖에 없다. 실제 귀룽나무의 잎은 길이 6~12cm, 폭 4~6cm의 긴 타원형에 진초록으로, 〈동궐도〉에서 귀룽나무로 추정되는

〈동궐도〉와 창덕궁·창경궁

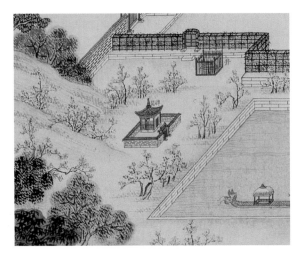

② 〈동궐도〉 – 사정기비각
꽃나무. 진달래로 추정된다.

나무와 매우 닮았다. 귀룽나무는 키 10m가 넘고 줄기 둘레도 거의 한 아름에 이를 수 있는 큰 나무로 자란다. 북악산을 비롯한 중부 지방의 산에 널리 자라는 나무이니 바로 궁궐에도 흔히 있었을 것이다. 그러나 귀룽나무는 옛 선비들의 붓 끝에 오르내릴 만큼 역사와 문화가 서린 나무는 아니다. 옛 기록에서 귀룽나무로 추정되는 나무는 찾기 어렵다.

2 꽃나무

〈동궐도〉에는 크고 작은 수많은 꽃나무가 그려져 있다. 이들 중 키가 비교적 큰 꽃나무는 매화나무·복사나무·살구나무 중의 하나로 짐작된다. 조선시대 정원수로 흔히 심던 나무이며 꽃 피는 시기도 비슷하다. 셋은 모두 장미과 식물로 화원들이 구별하여 그리지도 않았지만 꽃 모양이나 색깔로 그림에서 서로를 식별하기도 어렵다.

작은 꽃나무는 진달래·산철쭉·영산홍·철쭉 중의 하나라고 추정할

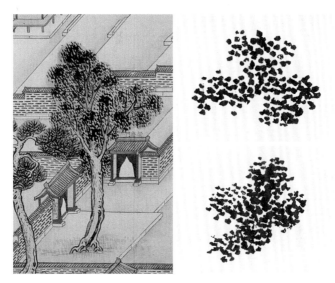

③ 〈동궐도〉 – 대종헌 북쪽 느티나무, 호초점, 백엽점

수 있다. 이들은 대부분 여러 그루가 모여 포기를 이루어 자란다. 〈동궐도〉
에도 키가 작고 여러 그루가 포기를 이루는 모습으로 그려져 있다. 이들도
꽃 생김새나 색깔이 거의 같아 구별하기 어려운 것은 마찬가지다. 자라는
위치를 참조하여 개략적인 수종 추정을 할 뿐이다. 작은 꽃나무들은 대조
전, 수정전, 통명전, 자경전 등 대비나 왕비가 머물던 건물의 화계와 화단
에서 비교적 흔히 볼 수 있다.

3 느티나무

느티나무는 오늘날 창덕궁에 고목나무가 가장 많이 남아 있다. 창
덕궁의 94그루 고목나무 중 35그루가 느티나무이며 창경궁의 35그루 고
목나무 중 4그루가 느티나무다. 따라서 〈동궐도〉를 그릴 당시에는 느티나

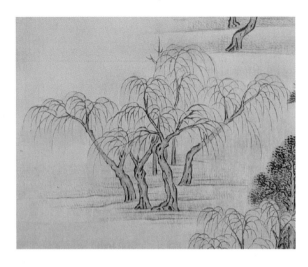

무 고목이 더 많았을 것이다. 화가들의 눈에도 느티나무는 친숙한 나무였다. 그러나 느티나무는 긴 타원형에 가장자리에 톱니가 있는 평범한 잎을 가지고 있다. 느티나무 잎은 후추알같이 작고 둥그스름한 묵점墨點을 조밀하게 찍는 호초점胡椒點이나 약간 각이 진 작은 묵점을 찍는 백엽점栢葉點 등 여러 모양으로 그려졌다. 창덕궁에서 느티나무의 잎 나는 시기는 4월 중하순 무렵이며, 이때는 잎이 연초록색이다. 느티나무는 대체로 잎이 갓 돋는 시기의 연초록 잎을 그린 경우가 많다.

④ 능수버들

수많은 가지를 늘어뜨리고 이른 봄에 가지를 노랗게 물들이며 한 해를 시작하는 나무의 대표는 능수버들이다. 능수버들 외에 수양버들이 있으나 둘은 이름은 달라도 모양새나 특징이 너무 비슷하여 전문가도 엄밀히 구별하기가 어렵다. 하물며 옛 그림 속에서 둘을 식별하기는 불가능

⑤ 〈동궐도〉– 연영합 북쪽 단풍나무, 만세송은 남쪽 단풍나무

하며 의미도 없다. 따라서 이 책에서는 가지가 길게 늘어진 버들은 능수버들이라고 통칭했다. 능수버들은 수류垂柳란 이름으로 우리의 시문詩文은 물론 옛 그림에도 자주 등장하는 단골손님이다. 〈동궐도〉에서도 예외가 아니다. 창덕궁 서쪽 담장의 경추문 밖, 돈화문 일원, 창경궁 홍화문 밖, 창경궁 마구간인 마랑馬郞 앞 등 금천 주변이나 지대가 낮은 곳에 능수버들이 많이 그려져 있다. 〈동궐도〉를 멀리서 봐도 금방 눈에 띌 만큼 능수버들은 〈동궐도〉의 대표적인 나무다.

5 단풍나무·신나무

단풍나무라면 개구리 발 모양의 잎사귀가 떠오른다. 단풍나무, 당단풍나무, 고로쇠나무 등 우리가 흔히 알고 있는 단풍나무는 잎이 대체로 그런 모양이다. 단풍나무는 장승업의 〈추정유묘도〉(224쪽) 등의 옛 그림에 거의 세밀화 수준으로 그려져 있다.

반면 〈동궐도〉에는 개구리 발 모양의 전형적인 단풍나무는 찾을 수 없다. 그 잎은 《개자원화보》 수보樹譜의 협엽착색법夾葉着色法을 따라 필선으로 외각을 그리고 색을 채운 삼각형 모양으로 나타나고 있다. 이는 오늘날 우리가 알고 있는 단풍나무만이 아니라 잎 모양이 긴 삼각형인 신나무도 단풍나무에 포함시켜 그렸기 때문으로 추정한다. 신나무는 단풍의 붉은색이 진하여, 아름다움으로 친다면 진짜 단풍나무보다 오히려 더 곱다. 그래서 옛사람들이 신나무에 붙인 이름은 '때깔 나는 나무'란 뜻의 '색목色木'이다. 옛 한글 발음으로 '싣나모'라고 하다가 오늘날 신나무가 되었다. 현재의 궁궐 단풍나무는 대부분 일제강점기를 거치면서 심은 것이고, 〈동궐도〉 제작 당시에는 단풍나무라면 신나무가 오히려 더 많았을 것으로 추정된다. 〈동궐도〉에서는 개구리 발 모양이 아니라 신나무를 상정한 긴 삼각형 잎의 단풍잎을 곳곳에서 찾을 수 있다.

❻ 매화나무·살구나무·복사나무

〈동궐도〉의 곳곳에 분홍 꽃을 피운 꽃나무가 그려져 있다. 실제 영산홍과 복사나무 및 산철쭉 꽃은 좀 진한 분홍빛, 진달래는 분홍빛, 철쭉은 연한 분홍이며 살구나무 꽃은 거의 흰빛에 가까운 분홍이다. 수종마다 이렇게 미묘한 차이를 따로 가리지 않았던 화가들은 동궐의 꽃나무는 모두 똑같이 연분홍색으로 처리하였다. 꽃 피는 시기로 보면 매화나무가 가장 빠르고, 약간의 차이를 둬서 살구나무, 이어서 복사나무로 이어진다.

매화나무·살구나무·복사나무는 키 5~10m 정도 크기로 자랄 수 있는 나무다. 매화나무는 그대로 두면 곧게 자라기도 하나 꽃을 감상하고 열매를 따기 위하여 가지자르기 등 인위적으로 매만지는 경우가 많아 줄기

⑥ 〈동궐도〉– 홍서각 매화나무, 창경궁 남쪽 궁장 살구나무

가 휘고 비틀어진 형태로 자주 만날 수 있다. 이는 오늘날 남아 있는 고매古梅의 모습에서도 알 수 있다. 궁궐의 매화나무는 열매 수확이 목적이 아닌, 꽃을 감상하는 화매花梅로 심었을 터다. 화매는 크게 나누어 백매와 홍매가 있는데 〈동궐도〉에서 백매는 찾을 수 없다. 복사나무도 열매 수확을 하는 과일나무이므로 크게 키우지 않고 줄기는 휘고 비틀어지며 가지는 많이 펼치게 만들었다. 반면에 살구나무는 있는 그대로 두고 과일만 따먹으므로 줄기가 곧고 크게 자라는 경향이 있다. 꽃 색깔도 매우 연한 분홍이고 때로는 거의 흰 꽃으로도 그리고 있다. 이런 특징으로 〈동궐도〉에서 살구나무는 분홍 홍매나 복사나무와 구별했다.

7 벗나무

우리 주변의 대부분의 나무들은 나무껍질이 두꺼워 소나무처럼 거북등 모양으로 갈라지거나, 버드나무처럼 세로로 깊게 파인다. 벗나무 종

⑦ 〈동궐도〉 – 영화당 남쪽 벚나무, 왕벚나무 나무껍질

류는 껍질이 얇고 매끄러우며 짧은 선을 그어 놓은 듯 가로로 갈라지는 것이 특징이다. 이런 나무껍질의 갈라짐은 안쪽의 조직이 숨쉬기 위한 구조로서 껍질눈이라 한다. 〈동궐도〉에서 나무줄기에 짧은 선의 가로 붓질이 명확한 나무를 만날 수 있다. 이는 산벚나무 등의 벚나무 종류를 나타낸 것으로 보인다. 그러나 화려한 벚나무 꽃을 그린 경우는 찾을 수 없다.

8 뽕나무

조선시대 왕비는 양잠의 중요성을 강조하기 위하여 궁궐에서 직접 누에치기 시범을 보이는 친잠례 행사를 했다. 아울러서 궁궐 안에 많은 뽕나무를 심었다. 화가들의 눈에도 흔히 띄었을 것이다. 그러나 타원형의 뽕나무 잎은 너무 평범하여 다른 나무와 구별하여 나타내기가 어렵다. 오늘날도 창덕궁에 널리 자라는 산벚나무 등의 잎과도 모양새 차이가 분명하지 않다. 다만 나이 400살로 알려진 관람지 입구 천연기념물 제471호 뽕

⑧ 〈동궐도〉 – 선인문 밖 뽕나무, 국화점   ⑨ 〈동궐도〉 – 창덕궁 남쪽 궁장
상수리나무, 개자점

나무 잎을 비롯하여 몇몇 뽕나무 추정 나무 잎은 〈동궐도〉에서 마치 국화
꽃이 활짝 핀 듯이 나타낸 국화점菊花點으로 그려지고 있다.

9 상수리나무·밤나무

창덕궁 후원에 자라면서 폭이 좁고 긴 잎을 가진 나무는 상수리나
무와 밤나무가 대표적이다. 잎은 길이 10~20cm, 폭 3~5cm 정도로, 밑으
로 늘어져 달린다. 다른 나무에 비하여 폭이 좁고 긴 타원형의 잎 모양이
특별하니 화가들의 눈에도 금방 들어왔으리라 짐작된다. 상수리나무는

〈동궐도〉와 창덕궁·창경궁

⑩ 〈동궐도〉 – 창송헌 소나무, 송엽점, 자송점

마을 뒷산에 흔히 자라 친숙하고, 굵은 도토리가 많이 달린다. 밤나무는
열매인 밤이 제사상에 빠지지 않고 식량자원으로 귀중하게 이용되었으
며 목재는 제기祭器 등에 쓰였다. 상수리나무(굴참나무 포함)와 밤나무는 잎
모양이 아주 비슷하여 그림으로 따로 구별하여 나타내기는 어렵다. 〈동궐
도〉에서 외곽선 없이 개자점介字點으로 그린 잎들은 대부분 상수리나무나
밤나무로 추정할 수 있다. 그러나 겹잎인 회화나무도 같이 개자점으로 나
타내는 경우가 많아 혼란스럽다.

⑩ 소나무·잣나무

〈동궐도〉에서 가장 눈에 많이 띄는 나무는 소나무다. 잎이 바늘 같

⑪ 〈동궐도〉 – 존덕정 은행나무

다하여 바늘잎나무針葉樹라고 부르는 나무는 소나무와 잣나무가 대표적
인데 송엽점松葉點이나 자송점刺松點으로 처리하므로 금방 찾아낼 수 있
다. 잣나무도 상당수 있었을 것이나 소나무와 전혀 구별이 안 된다. 바늘
잎이 2개씩인 소나무와 5개씩인 잣나무를 따로 그릴 필요도 없었고 화원
들이 차이를 알아채기도 어려웠을 터다. 잎이 짧고 모양새가 다른 향나무
도 소나무와 같은 점법으로 그렸다. 차이라면 향나무는 소나무처럼 줄기
를 곧게 나타내지 않고 비스듬하고 비꼬이게 그려둔 경우가 많다. 정선의
〈사직노송도〉처럼 소나무 고목도 줄기를 구불구불하게 나타내기도 하지
만 〈동궐도〉에서는 줄기의 형태로 소나무와 향나무를 구별할 수 있다.

⑪ 은행나무

〈동궐도〉에서 은행나무 고목은 후원 존덕정의 서북쪽 옛 태청문
太淸門 앞의 구석에 그려진 1그루가 유일하다. 잎사귀는 일반 나뭇잎의 긴

⑫ 〈동궐도〉– 창덕궁 남쪽 궁장 밖 음나무, 음나무 잎과 꽃

타원형이 아니라 삼각형 혹은 역삼각형으로 단풍나무 잎처럼 표현했다. 전체적으로 둔한 역삼각형 모양인 실제 은행잎의 특징을 그대로 나타낸 것으로 보인다. 연초록 잎이 나고 있어서 봄날의 잎임을 알 수 있다.

⑫ 음나무

음나무는 어른 손바닥을 활짝 편 만큼의 크기에 오리발처럼 생긴 잎이 특징이다. 또 어린 가지에는 험상궂은 가시가 촘촘히 돋아나므로 예부터 문설주에 얹어두어 나쁜 귀신을 쫓아내는 상징성도 있어서 궁궐에도 널리 심었던 것으로 짐작된다. 음나무는 귀룽나무보다는 조금 늦지만 커다란 잎을 이른 봄에 펼치는 특징이 있어서 화가들의 눈에도 금방 잘 띄었을 터다. 음나무는 가시오동나무라는 뜻의 자동刺桐이라는 한자 이름에서 알 수 있다시피 오동나무와 매우 닮았다. 〈동궐도〉에서도 잎의 초록색이 진하며 얼핏 봐서는 오동잎처럼 생겼으나 잎 끝이 갈라져 있다.

⑬ 전나무

전나무는 가지가 수평으로 퍼지면서 긴 원뿔 모양을 이루어 곧고 높게 자란다. 잎은 폭 2~3mm, 길이 손가락 한 마디 정도로서 줄기에 빼곡히 붙어 있다. 전나무는 우리나라 바늘잎나무 중 소나무·잣나무 다음으로 자주 만날 수 있고 쓰임이 많았다. 절 건물의 개축改築에 쓰기 위하여 예부터 절에 흔히 심었으며 오대산 월정사, 변산반도 내소사, 청도 운문사 입구 등에는 지금도 전나무 숲이 남아 있다. 옛 사진을 보면 궁궐에도 전나무가 여러 곳에 자라고 있었다.

옛 그림에서는 김윤겸의 금강산 〈장안사長安寺〉에서처럼 줄기를 중심축으로 붓끝을 좌우로 一자 처리하여 전나무 가지 뻗음을 나타냈다. 〈동궐도〉에서도 줄기 아래쪽의 좌우 가지를 길게 하고 위로 올라가면서 가지를 짧게 처리하여 긴 원뿔 모양으로 전형적인 전나무의 모습을 잘 표현하고 있다.

〈동궐도〉와 창덕궁·창경궁

⑭〈동궐도〉– 연영합·수강재
사이 조릿대

⑭ 조릿대

조릿대는 키 1~2m, 연필 굵기의 자그마한 나무다. 조리를 만들던
조릿대는 중북부 지방의 숲 속 큰 나무 아래서도 흔히 산죽山竹이란 이름
으로 쉽게 만날 수 있다. 지하 줄기가 옆으로 뻗어 집단으로 자라므로 땅
을 단단하게 붙잡고 있어서 궁궐의 화계나 경사지에 흙이 밀려 내려오지
않게 할 목적으로 조릿대를 잘 심는다. 〈동궐도〉에는 창덕궁 인정전 뒤 및
연영합과 수강재 사이의 일부 화계에 조릿대를 볼 수 있다.

⑮ 주목

오늘날 창덕궁의 주목 고목나무는 10여 그루나 되며 옥류천 등 후
원 곳곳에서 만날 수 있다. 눈주목도 흔히 자라고 있어서 후원을 가꾸면서
주목 종류를 많이 심었던 것으로 생각된다. 주로 건물 주위에 일부러 심은
주목이 대부분이나 영화당 앞산 같은 숲속에서도 어렵지 않게 찾을 수 있
다. 다만 〈동궐도〉의 건물 근처에 보이던 주목은 오늘날 거의 찾을 수 없다.

⒂ 〈동궐도〉– 취운정 앞 주목   ⒃ 〈동궐도〉– 창덕궁 남쪽 궁장 밖
                                참나무

주목은 짧고 납작한 잎 모양이 특징이지만 실제 모양을 그대로 나타내지는 않아 〈동궐도〉에서는 찾기가 어렵다. 낙선재 권역 동쪽 취운정 앞의 나무, 창덕궁 승화루 뒤 문화각 아래 쪽에 '선송장춘仙松長春'이란 글씨가 적혀 있는 자그마한 나무 등은 주목으로 추정한다. 두 곳 다 식수단植樹壇을 만들어 심었다. 특별히 귀하게 여겼던 것 같다.

⒃ 참나무

도토리가 달리는 나무를 통틀어서 참나무라고 한다. 상수리나무·굴참나무·갈참나무·졸참나무·신갈나무·떡갈나무의 여섯 종을 구별하지 않고 한꺼번에 부르는 이름이기도 하다. 상수리나무와 굴참나무는 잎이 좁고 길며 나머지 네 나무는 수종에 따라 잎 크기에 차이가 있으나 전체적으로 타원형의 넓고 큰 잎을 가진다. 〈동궐도〉에 그려진 잎이 좁고 긴 상수

⑰ 〈동궐도〉 – 옥당 측백나무, 앙엽점

리나무(굴참나무 포함)와 밤나무를 이 책에서는 편의상 묶어서 따로 구분하고, 갈참나무·졸참나무·신갈나무·떡갈나무를 '참나무'라 하여 설명한다. 지금도 창덕궁 후원에 가장 많은 나무이며 〈동궐도〉를 그릴 당시에도 역시 참나무가 많았음을 알 수 있다.

⑰ 측백나무

측백나무는 바늘잎나무이지만 잎이 가늘고 뾰족한 바늘잎이 아니다. 납작하고 편평한 모양이라 붓끝을 살짝 누른 작은 점으로 나타내고 있다. 그러나 지금도 살아 있는 선원전 앞의 측백나무를 보면 〈동궐도〉에서 위로 손을 벌린 듯한 앙엽점仰葉點으로 처리되어 있다. 또 창덕궁 옥당(홍문관)의 마당에 심은 2그루의 측백나무로 추정되는 나무 역시 앙엽점으로 그렸다. 그래서 주목과 혼동되는 경우가 많다.

⑱ 향나무

향나무는 짧고 뾰족한 잎과 비늘잎이 섞여 있어서 다른 바늘잎나

무와는 모습이 구별된다. 그러나 〈동궐도〉에서는 소나무와 같은 점법으로, 잎으로는 거의 분간이 불가능하다. 다만 향나무 줄기는 소나무 줄기처럼 곧게 나타내지 않고 비스듬하고 비틀리게 그려둔 경우가 많다. 하지만 소나무도 고목나무가 되면 구불구불해지기도 하므로 〈동궐도〉에서 소나무와 향나무를 엄밀히 구별하는 데는 어려움이 있다.

19 회화나무

나뭇잎의 모습은 흔히 보는 잎자루 하나에 잎이 하나씩 달리는 홑잎單葉과 여러 개의 잎이 달리는 겹잎複葉이 있다. 〈동궐도〉에 그려진 나무는 대부분 홑잎이고 겹잎은 드물다. 겹잎의 대표가 회화나무다. 잎 달림은 긴 잎자루 좌우 대칭으로 10~16개의 작은 잎들이 붙어 있고 꼭지에 잎 하나가 달려 있어서 전체적으로 깃꼴 모양이다. 《개자원화보》에 겹잎을 그리는 방법으로 참죽나무를 표준으로 삼아 춘엽점이라는 점법을 소개하고 있다. 그러나 오늘날 창덕궁·창경궁의 곳곳에서 만나는 회화나무 고목 중 춘엽점으로 그린 회화나무는 창경궁 선인문 앞 회화나무가 유일하다. 개

⑲ 회화나무의 잎, 춘엽점, 〈동궐도〉 – 선인문 회화나무(춘엽점), 상의원 회화나무(개자점)

자점 등 다른 점법으로 나타낸 경우가 많다.

⑳ 기타

나무는 크기에 따라 큰키나무(교목), 중간키나무(소교목), 작은키나무(관목), 덩굴나무(만경목)로 나뉜다. 큰키나무는 높고 곧게 자라며 아름드리 굵은 줄기를 가지는 큰 나무로서 우리 주변의 은행나무·느티나무·참나무·소나무 등은 모두 큰키나무다. 중간키나무는 큰키나무와 비슷한 모양이나 키가 수 미터에 불과하고 굵기도 최대 직경 10~20cm 정도다. 복사나무·매화나무·때죽나무·생강나무 등이 중간키나무다. 작은키나무는 키가

2~3m 전후이고 대체로 포기를 이루어 자라는 작은 나무로서 싸리·개나리·조팝나무 등이 작은키나무에 속한다. 덩굴나무는 홀로 곧바로 서지 못하고 다른 나무나 물체를 감고 올라가면서 자라며 등나무·머루·다래 등이 있다.

〈동궐도〉에서 잎이 달린 모습으로 나타낸 나무는 대부분 큰키나무이며 1그루씩 따로 그렸다. 중간키나무는 흔히 여러 그루를 묶어서 숲으로 나타냈으나 복사나무, 매화나무 등 꽃나무 중간키나무는 1그루씩 따로 그리는 경우가 많았다. 작은키나무도 여러 그루를 합쳐서 작은 숲으로 나타내었으나 진달래와 영산홍 같은 꽃나무는 포기 단위로 표현했다.

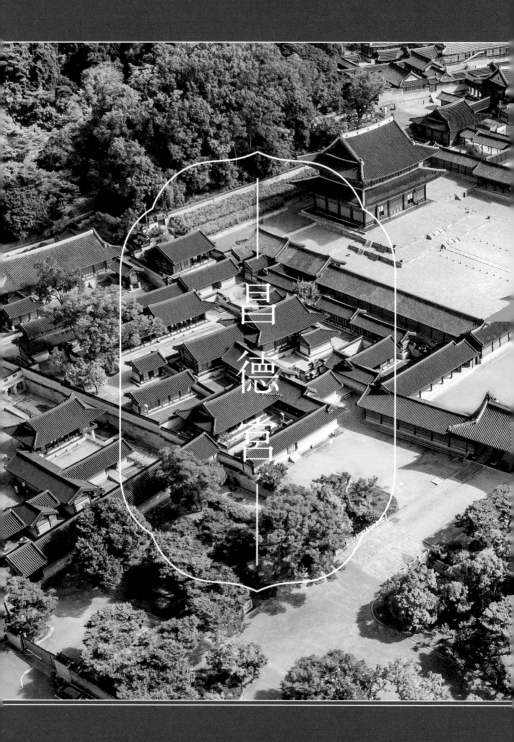

昌德宮

창
덕
궁

창덕궁의 고목나무

〈동궐도〉 고려대본을 중심으로

창덕궁은 주변 지형과 조화를 이루도록 자연스럽게 건축되어 가장 한국적인 궁궐이라는 평가를 받는다. 창덕궁 동쪽에는 창경궁이 있는데, 두 궁궐 모두 한양 내 동쪽에 있어 함께 '동궐東闕'이라고 부른다. 또 남쪽에는 국가의 사당인 종묘가, 북쪽에는 왕실의 정원인 후원이 붙어 있다. 일제강점기를 거치면서 많은 파괴와 변형이 있었지만 1991년부터 본격적인 복원사업이 시작되어 오늘에 이른다. 1997년 12월 6일에 유네스코UNESCO 세계유산으로 등재되어 명실공히 한국을 대표하는 궁궐이 되었다.

오늘날 제대로 된 후원이 남아 있는 곳은 창덕궁이다. 북악산에서 동쪽으로 뻗어간 산줄기는 높이가 낮아지면서 응봉으로 이어진다. 조금 더 남으로 내려오면 능허정이 있는 해발 90m의 봉우리를 최고봉으로 하여 아기자기한 야산들이 펼쳐진다. 화강암을 모암母巖로 한 흙들은 마사토磨沙土와 같이 입자가 굵으므로 물빠짐이 좋아 나무가 잘 자랄 수 있는 조건을 갖추고 있다. 이들의 산자락에는 창덕궁과 창경궁이 들어서 있다. 창덕궁과 창경궁을 합한 동궐의 총면적은 약 47만 6천㎡이고 후원은 약 20만 5천㎡이다. 약 43%가 후원인 셈이다.

문화재청의 자료를 보면 오늘날 창덕궁과 후원에 자라는 나무는 1만 6700여 그루다. 대체로 줄기 지름 6cm 이상의 나무들을 조사한 결과다. 이들 중 참나무 종류가 가장 많아 전체 나무 숫자의 약 24%에 해당하는 4천여 그루이고 다음으로 때죽나무, 단풍나무, 팥배나무, 소나무, 느티나무, 산벚나무의 순서로 이어진다. 후원 숲의 나무는 크고 높게 자라는 큰키나무인 소나무, 잣나무, 참나무, 느티나무, 음나무 등이 상층을 이룬다. 큰키나무보다는 조금 작은 크기의 중간키나무인 단풍나무, 팥배나무, 때죽나무 등이 숲의 중간층을 이루며 사람 키 남짓한 작은키나무인 철쭉, 눈주목 등이 바닥에 어우러져 숲을 이룬다. 궁궐이 제대로 기능을 할 때 후원은 〈동궐도〉처럼 소나무가 주축인 솔숲이었다.

현재 창덕궁의 고목나무는 느티나무 35, 회화나무 18, 주목 10, 은행나무 4, 향나무·뽕나무·칠엽수가 각각 3, 다래나무·밤나무·갈참나무·굴참나무·측백나무·버드나무·소나무가 각각 2, 매화나무·황벽나무·음나무·잣나무가 각각 1그루로서 모두 18종 94그루에 이른다. 고목나무의 범위를 어떻게 잡느냐에 따라 숫자는 들쭉날쭉하지만 대체로 느티나무나 회화나무 등과 같이 크게 자라는 나무는 둘레 한 아름(직경 50cm) 이상을 대상으로 잡은 숫자다. 이들 중 일부 고목나무는 200여 년의 시공을 뛰어넘어 아직도 살아서 궁궐을 지키고 있다. 〈동궐도〉에도 소나무를 비롯하여 약 20여 종으로 추정되는 나무가 모양을 달리해 그려져 있다.

연경당
친잠례 흔적
뽕나무
장락문
칠엽수
애련정
장락문
애련지
애련지
느티나무
불로문
영춘문
의두합

창덕궁에서
가장 굵은
느티나무
느티나무
(누비 문양)
서향각
주합루
영화당
어수문
느티나무
이대
영화당
영화당 앞산
주목
사정기비각
부용지
부용정

요금문
가정당

의풍각

경훈각

경추문
대조전
서고
〈보경당 터〉
인정전 북쪽
구선원전
회화나무
인정전 화계
조릿대
희정당
대종헌 터
선정전
느티나무
함양문
선원전 양지당
측백나무
관물헌
〈중희당 터〉
봉모당
연경루
향실
영의사
성정각
칠분서
매화나무
규장각
〈궐내각사〉
예문관
인정전
칠분서
문화각 터
(이문원)
영의사 느티나무
삼삼와
돌배나무
향나무
규장각 검서청
약방
〈동편 궐내각사 터〉
자시문
승화루
옥당
매화나무
상량정
인정문
〈동궁 일원 터〉
낙선재
금천교
숙장문
빈청
석복헌
느티나무
빈청 뒷산
빈청 뒷산
수강재
금천교
버드나무
빈청 뒷산
쉬나무
금천교
진선문
회화나무
금호문
금천 주변
상서원
〈매화나무 숲〉
금호문
회화나무
회화나무
내병조
호위청
돈화문 행랑
회화나무
상의원
단봉문
상의원
회화나무
회화나무
돈화문
단봉문

A

단봉문

B

창덕궁 천연기념물
다래나무

태극정　농산정
청의정　옥류천
소요정
취한정

취규정

청심정
잣나무
청심정

능허정

빙천

존덕정
은행나무
갈참나무

신선원전
대보단 터줏대감
느티나무

존덕정
관람정

폄우사

승재정　관람지

관람지 밤나무

친잠례
흔적
뽕나무

몽답정　의효전

연경당

외삼문

장락문 칠엽수
애련정

장락문　애련지
애련정

애련지
느티나무

불로문
영춘문

의두합

창덕궁에서
가장 굵은
느티나무

느티나무
(누비 문양)

주합루
서향각
어수문

영화당
느티나무

영화당

이대

부용지

부용정
가정당
영화당 앞산
주목

요금문
사정기비각

의풍각

경훈각

대조전

01 돈화문과 금천교 일원

지하철 3호선 안국역 2번 출구를 나와 약 300m 거리에 창덕궁의 정문 돈화문이 있다. 궁궐의 대문으로 권위를 자랑하듯 정면 5칸에 번듯한 이층기와집이 자못 웅장하다. 1층의 3칸 대문은 가운데가 임금의 전용 출입문이다. 좌우 대문은 고위 관료가 이용하는 문이다. 돈화문 서쪽 지금의 매표소 앞에는 은행나무 고목 1그루가 보인다. 키 15m, 줄기 둘레 3.35m이니 덩치가 그렇게 크지는 않으나 원뿔 모양이 단정하고 깔끔하다. 1972년 보호수로 지정할 당시 추정한 나이는 425살이다. 명종 2년(1547)부터 자랐다는 이야기지만 관련 문헌을 찾을 수 없다.

오늘날 표 한 장이면 누구나 들어 갈 수 있는 돈화문, 안으로 들어서면 제법 넓은 공간이 펼쳐진다. 우선 〈동궐도〉를 펼쳐본다. 서쪽 행랑을 따라 금호문, 북쪽으로는 규장각과 옥당이고, 동쪽으로 진선문, 남쪽으로는 돈화문 옆에 상의원이 있다. 돈화문 일원 공간의 가운데는 남북으로 작은 물길이 나 있다. 다른 궁궐에서도 마찬가지로 정문을 들어서면 만나는 물길로 금천禁川이라 한다. 금단의 땅 궁궐 내부와 외부를 가르는 경계선이며, 풍수지리로는 배산임수를 구현하는 명당수明堂水의 기능도 한다. 정전과 대문 사이 금천에 놓인 다리가 금천교다. 금천교 일대는 일제강점기

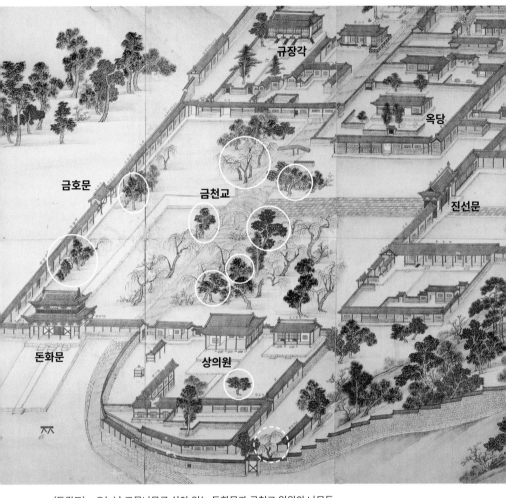

〈동궐도〉 - 오늘날 고목나무로 살아 있는 돈화문과 금천교 일원의 나무들

에 거의 완전하게 파괴되었지만 그래도 고목나무들은 자리를 지키고 있
어 옛 모습을 찾아볼 수 있다. 크고 작은 나무들이 곳곳에 소규모 숲을 이
루고 회화나무, 버드나무, 느티나무 등 아름드리 고목나무가 눈길을 끈다.

오늘날 회화나무는 돈화문 행랑 앞에 3그루, 금호문 앞에 1그루, 금천禁川 좌우에 4그루 등 8그루가 천연기념물로 지정되어 보호받고 있다. 이들은 모두 〈동궐도〉에서도 만날 수 있다. 지금의 나무들은 적어도 200살은 넘었다는 증거다. 그 외 금천교를 건너기 바로 전 왼편의 버드나무 1그루, 금천교 건너서 느티나무 1그루, 상의원 앞 회화나무 1그루도 〈동궐도〉에서 만날 수 있는 고목나무들이다.

돈화문 행랑의 회화나무

창덕궁은 언제 가도 붐빈다. 가능하다면 문을 여는 아침 9시, 첫 손님으로 가는 것이 좋다. 3천 원이라는 만만찮은 입장료를 내야 하지만 볼 것이 많고 그만한 값어치도 충분하다. 입장료가 아깝다면 공짜 기회도 여러 번 있다. 매월 마지막 주 수요일은 '문화가 있는 날'이라 하여 입장료를 내지 않아도 된다. 또 우리의 전통 한복을 입고 가도 공짜다. 나이가 만 24세 이하거나 65세 이상이라도 그냥 들어갈 수 있다. 뿐만이 아니다. 서울특별시 종로구민도 50% 할인해 준다. 그 외에도 수많은 무료 및 할인 혜택이 있다. 아까운 생각이 든다면 돈 내기 전에 한 번쯤 확인할 필요가 있다.

조금은 위압적인 돈화문 건물 안에 들어서면 긴 사각형으로 제법 널찍한 공간이 있고 주위에 나무와 건물이 어우러진다. 문 하나를 두고 고즈넉한 별천지에 들어와 버린다. 우선 〈동궐도〉로 주변을 훑어보자. 들어온 방향 왼편, 향방으로는 서쪽 행랑의 의장고儀仗庫와 무비사武備司 앞에는 큰 느티나무, 아래로 회화나무, 이어서 좀 작은 느티나무의 3그루가 능

수버들과 복사나무와 대
비된다. 그러나 오늘날 이
3그루는 모두 회화나무
다. 옛 문헌에서 느티나무
와 회화나무는 같이 괴槐
로 나타내므로 동궐도를
그린 화원들도 따로 구별
하지 않고 뒤섞어서 그린
것 같다. 나이는 아래부터
약 210살, 240살, 270살
로서 그림 속의 나무 크기

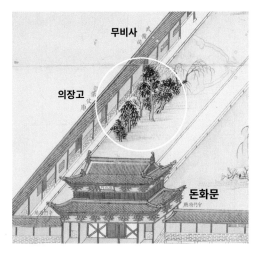

〈동궐도〉- 돈화문 행랑 앞의 회화나무

차이를 정확하게 나타내었다. 서로 30년, 60년의 차이가 있지만 오늘날
나무들의 규모는 거의 같다. 3그루 모두 키 15m, 줄기 둘레 2.7m 전후다.
〈동궐도〉의 복사나무 및 능수버들은 없어지고 훗날 심은 느티나무 2그루
가 회화나무와 함께 자라고 있다.

　　　　이 일대는 궁궐 대문의 바로 안쪽, 외조外朝의 첫 마당에 해당하는
곳이다. 중국의 예에 따라 궁궐의 정문 안, 외전의 초입에 해당하는 이곳
에 특정한 나무를 심은 것으로 짐작된다. 주나라의 관직과 전국시대 여러
나라의 제도를 기록한 《주례周禮》란 책이 있다. 훗날 중국과 우리나라에
서는 나라를 다스리는 기본을 이 책의 기준에 따르고 왕실에서도 많은 참
조를 하게 된다. 관직의 직제를 크게 여섯으로 나누고 관직과 직무를 서술
하는 형태로 되어 있는데, 이 책의 추관秋官 편에는 이런 내용이 들어 있다.

돈화문 행랑 앞의 회화나무 3그루. 천연기념물 제472호로 지정되어 있다.

'궁궐의 예법을 관장하는 조사朝士는 궁궐의 외조外朝에 관련된 사항을 맡
는다. 나무를 심어 임금을 만나기 전 관리들이 벼슬에 따라 앉을 자리를
마련했다. 즉 외조의 왼쪽에 9그루의 극棘을 심어 고孤·경卿·대부大夫가
자리를 잡고 여러 선비들은 그 뒤에 있었다. 오른쪽에도 마찬가지로 9그
루의 극을 심어 공公·후侯·백伯·자子·남男이 자리를 잡고 여러 관리들은 그

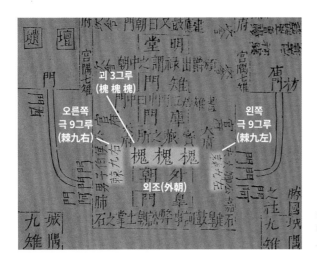

〈조위침묘사직도〉
(《삼재도회》, 1609년,
대만국립도서관 소장)
부분

뒤에 있었다. 앞쪽으로는 3그루의 괴槐를 심어 삼공三公이 자리를 잡고 주
장州長과 백성들은 그 뒤에 있었다.'

　궁궐의 외조에는《주례》의 지침에 따라 삼괴구극三槐九棘이라 하여
3그루의 '괴' 나무와 좌우 9그루씩의 '극' 나무를 심는 것을 원칙으로 했다
고 한다. 이와 관련하여 명나라 때 간행된《삼재도회三才圖會》에는 〈조위
침묘사직도朝位寢廟社稷圖〉라는 도면이 실려 있다. 이 도면에서 보면 외조
에 '괴' 3그루가 나란히 그려져 있고 좌우에는 각각 9그루의 '극'을 나타냈
다. 그렇다면 괴와 극은 실제로 무슨 나무인가? 먼저 삼괴三槐는 회화나무
3그루로 추정한다. 중국에서는 회화나무는 괴槐, 느티나무는 거欅라고 하
여 따라 구별하여 쓰는 경우가 많으므로 중국 문헌의 '괴'를 일단 회화나
무로 번역하는 데는 큰 무리가 없다. 실제로도 돈화문 안에 아름드리 회화
나무가 자라고 있다. 그런데 우리나라에서는 정자나무로 친근한 느티나

창덕궁의 고목나무

무도 한자로 표기할 때 회화나무와 같은 '괴' 자로 나타내어 명확히 어느 나무인지 알기 어려운 경우가 많다. 《삼국사기》에는 백제 다루왕 21년(48) "왕궁 뜰에 있는 큰 괴수槐樹가 저절로 말라죽었다", 의자왕 19년(659) "대궐 뜰에 있는 괴수가 사람이 곡하는 소리처럼 울었다"라고 했다. 이때의 '괴수'는 회화나무인지 느티나무인지 분별이 안 된다.

조선시대 들어와서도 마찬가지다. 《훈몽자회》, 《동의보감》, 《방언유석》, 《왜어유해》 등 한글이 창제된 이후 한자에 훈을 붙인 여러 문헌에는 대부분 괴槐는 회화나무라고 했다. 다만 서거정이 쓴 것으로 알려진 아동용 한자 입문서인 《유합類合》에는 '느틔 괴'라고 했다. 이를 두고 정약용은 "槐는 음이 '회'라는 사실은 세상이 다 아는 일인데 잘못 표기하여 후세의 풍속을 그르쳤다"라고 지적했다. 실제로 조선왕조실록을 비롯한 조선시대 문헌에 '괴수槐樹, 괴목槐木'으로 등장하는 괴는 회화나무인지 느티나무인지를 알기 어려운 경우가 많다.

다음, 삼괴구극에서 구극九棘의 실제 나무는 무엇인가? 우선 중국 자료에서 '극棘'에 딱 맞는 나무를 찾기가 어렵다. '극'은 가시나무를 뜻하며, 가시를 가진 나무는 작은 나무나 덩굴나무에서는 흔하나 큰 나무는 드물다. '극'에는 탱자나무, 주엽나무, 꾸지뽕나무, 대추나무 등이 있다. 먼저 탱자나무는 나무 아래 사람이 앉을 수 있을 정도의 자리를 마련할 만큼 크게 자라지 않고, 가시가 너무 촘촘하여 구극의 나무로는 적합하지 않다. 주엽나무는 개체 따라 가시가 돋기도 하고 안 돋기도 하여 역시 구극의 나무는 아닌 것 같다. 꾸지뽕나무는 중국 이름 구자构棘처럼 가시가 있으나 어릴 때뿐이고 굵어지면 없어진다. 크게 자라고 열매를 약으로 쓰는 친근한 나무이기는 하지만 역시 극으로 보기는 어렵다.

대추나무는 조棗로 나타내며 극棘과 같이 한자 '가시 자朿'에서 유래했다. 다른 이름으로 자조刺棗라고도 한다. 옥편에도 '극'은 대추나무의 한 종류이며 약용으로 쓰이는 묏대추나무라고 했다. 산조인 酸棗仁이나 산조인山棗仁으로 알려진 나무도 역시 묏

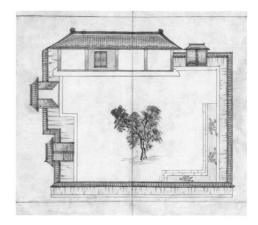

《괴원수계첩》, 1771년, 서울역사박물관 소장

대추나무로 보인다. 묏대추나무는 대추나무와 엄밀히 구별되지 않았고 대추나무에 포함되어 나타난다. 대추나무는 인가 주변에 흔히 심겨 대추가 오래전부터 약용되어 왔으며 나무도 크게 자라므로 구극의 나무로 충분히 자격조건을 갖추었다. 대추와 목재 모두 붉은색이 강하여 벽사의 뜻도 있다. 전체적인 나무의 특성으로 본다면 극은 대추나무로 봐도 크게 무리가 없을 것 같다.

오늘날 돈화문 안 외조에 삼괴로서 회화나무가 버티고 있으며 금호문 앞, 금천 주변에도 회화나무 고목이 자라고 있어서《주례》의 예에 따랐을 것으로 짐작한다. 그러나 〈동궐도〉에 구극의 대추나무는 보이지 않는다. 우선 창덕궁 돈화문 일대 외조의 공간이 너무 좁아 회화나무와 대추나무를 같이 심기 어렵고 대추나무는 병충해가 심하여 창건 당시에 심었더라도 큰 고목으로 자라기 어려운 점도 있다.

3그루의 회화나무와 9그루의 대추나무가 자라는 곳은 삼괴구극,

줄여서 괴극槐棘이라고도 하는데 삼공구경三公九卿의 고위 관리를 일컫는 다른 말이기도 하다. 그래서 그곳으로 다가서기 위한 학문의 길을 '괴문극로槐門棘路'라고 했다. 조선시대 외교문서를 관장하던 승문원承文院은 당대 최고의 학자들이 모이는 관서인데 다른 이름이 괴원槐院이다. 실제로《괴원수계첩槐院修契帖》에는 마당 가운데 큰 회화나무가 그려져 있다. 그 후 회화나무는 입신양명을 뜻하는 표상으로 삼고 있다. 궁궐을 나타내는 다른 말로 회화나무가 있는 큰 집이라는 뜻의 괴신槐宸이라고도 한다.

금호문 회화나무

돈화문을 들어서서 행랑 앞의 회화나무를 만나고 조금 더 올라가면 서쪽 담장에는 1칸 규모의 크지 않은 궁궐 출입문을 만날 수 있다. 금호문이다. 궁궐에 근무하던 일반 관리들이 출퇴근할 때 이용했다고 한다. 권위적이고 위압적인 돈화문보다는 훨씬 백성들과 가까운 문이다. 실제로 조선왕조실록에는 억울한 일을 겪은 사람들이 봉서封書를 문틈으로 밀어 넣거나, 직접 궁궐 안으로 들어와 호소하겠다고 문지기와 승강이를 벌였다는 기록이 나온다. 근세에는 1926년 송학선 의사가 금호문 밖에서 당시 총독 사이토 마코토齋藤實를 살해하려다 실패한 사건이 일어나기도 했다.

　　이렇게 임금이 계시는 궁궐과 수많은 사연을 안은 백성들을 잇는 첫 통로인 금호문 안에는 이를 말없이 지켜본 나무가 있다. 출입통제소 작은 건물 옆의 꼬부랑 회화나무다. 〈동궐도〉에서 만나보자. 금호문에서 북으로 붙어 있는 수문장청守門將廳, 위장소衛將所, 남소南所로 이어지는 행랑

금호문 안 회화나무. ㄱ자로 완전히 휘어져 자란다. 천연기념물 제472호이다.

창덕궁의 고목나무

〈동궐도〉 - 금호문 안의 곧게 자란 회화나무

바로 앞에는 5그루의 나무가 나란히 그려져 있다. 다른 4그루는 없어지고 회화나무로 그려진 한 나무만이 오늘날 바로 그 자리에 그대로 살아 있다. 다만 〈동궐도〉처럼 곧고 씩씩한 모습이 아니라 둘레 2.7m의 줄기가 완전히 ㄱ자로 휘어버린 꼬부랑 할머니 모습이다. 나이는 400여 살, 임진왜란 이후 창덕궁을 복원 할 때인 광해군 초에 심은 나무로 짐작된다.

이 회화나무는 세월의 무게를 이기지 못하고 허리가 굽어지긴 했어도 최근까지 비교적 건강하게 자라고 있었다. 그러나 2014년 7월 24일 장마 뒤의 태풍도 아닌 하찮은 돌풍에 넘어져 허리가 땅에 닿아버렸다. 부랴부랴 일으켜 세웠으나 안타깝게도 지금은 예보다 더 꼬부랑 할머니 모양으로 자라고 있다. 큰 고목나무가 넘어지면 뿌리가 손상되어 살아나기 어렵다. 다행히도 금호문 회화나무는 넘어졌음에도 뿌리의 일부가 살아 있다. 줄기의 윗부분은 대부분 죽어 있는 상태지만 아래 부분은 새싹까지 내밀면서 살기 위하여 안간힘을 쓰고 있다. 필자는 창덕궁을 갈 때마다 이 회화나무부터 먼저 알현한다. 오랫동안 간직한 역사의 흔적들이 영원히 없어지지 않도록 제발 살아 있어만 주라고 빈다.

금천교 버드나무

금호문 회화나무 앞에서 동쪽으로 바라
보면 궁궐이 그대로 눈에 들어온다. 바로
앞은 금천교다. 창덕궁의 서쪽 끝자락에
서 남북으로 흐르는 금천의 돌다리다. 궁
궐에서 사람이 일부러 만든 조형물 중에
는 가장 오래되었다. 태종 11년(1411)에
만들었으니 600년도 넘었다. 임금님의
공간으로 들어가는 첫 다리로서 아래는
2개의 무지개 모양 홍예虹霓로 구성하였
고 난간은 각종 장식을 하여 위엄을 더
하고 있다.

〈동궐도〉 – 금천교 옆의 능수버들

〈동궐도〉에서 이 일대를 둘러보자(65쪽). 여러 나무가 있지만 늘어
진 가지에다 노란 채색물감으로 옅게 붓질을 하여 꽃보다 더 화사하게 보
이는 나무들이 먼저 눈에 들어온다. 잎이 막 돋는 시기의 노랗고 길게 늘
어진 가지를 특징적으로 묘사하고 있어서 〈동궐도〉에서 가장 아름답고 가
장 눈에 잘 띄는 나무들이다. 무슨 나무인지 구별이 애매한 다른 나무들과
달리 누가 봐도 능수버들임을 금방 알아챌 수 있다. 돈화문과 북쪽으로 규
장각과 옥당, 동쪽의 진선문 및 서쪽의 금호문 행랑으로 이어지는 공간에
자라는 능수버들을 세어보면 14그루나 된다. 금천을 가운데 두고 지대가
약간 낮아 유난히 습한 땅을 좋아하는 능수버들이 잘 자랄 수 있어서다.

특히 금천교를 건너기 전 왼쪽에 그려진 4그루의 능수버들에 주목

오늘날의 금천교 버드나무

해 볼 필요가 있다. 이들 중 1그루가 지금도 살아 있는 버드나무로 짐작한다. 지름이 거의 1m나 되고 줄기의 가운데가 완전히 썩어버린 고목의 모습이다. 조사한 실제 나이는 약 220살, 〈동궐도〉를 그릴 당시에는 어린 나무이었을 터다. 그러나 1900년대 사진에는 능수버들 위치에 큰 전나무가 자라고 있다가 1910년대 이후는 없어지고 사시나무가 보이는 등, 이 능수버들의 존재가 명확하지 않다. 일제강점기의 어느 때 다른 곳에 자라던 큰 버드나무를 옮겨 심었을 가능성도 배제할 수 없다. 그렇지만 〈동궐도〉 능수버들의 후계목으로 생각할 수도 있어서 값어치가 있다.

〈동궐도〉에는 이곳을 포함해 금방 눈에 띄는 여러 그루의 능수버들을 곳곳에서 만날 수 있다. 창덕궁 서쪽 담장의 경추문 바깥과 대보단 공북문拱北門 사이와 돈화문 안 외조 공간 등에 28그루, 창경궁 남쪽 관천대 부근의 마랑馬郞 앞과 홍화문 밖 오늘날 서울대 의과대학이 있는 언덕 등에 42그루 등 모두 70여 그루의 능수버들이 그려져 있다. 능수버들은 가지가 늘어진 모양이 아름다워 보기 좋은 정원수로 흔히 심기도 했지만, 금천 주변의 능수버들은 또 다른 역할이 있다. 응봉에서 발원한 금천은 〈동궐도〉에 물결이 그려져 있을 만큼 당시에는 수량水量이 꽤 많았다. 홍수가 나면 당연히 물이 넘쳐 주변의 땅이 파이는 등 피해가 생기기 마련이다. 능수버들은 자연 상태에서도 물을 좋아하여 물가에서 만날 수 있지만 실뿌리가 잘 발달하여 흙을 붙잡아두는 성질이 있다. 특히 궁궐이 자리한 땅은 화강암이 풍화된 흙으로 이뤄져 점토가 적고 모래가 많으니 더욱 이런 나무가 필요하다. 나아가 키도 크게 자라지 않아 바람에도 잘 넘어지지 않으니 물가의 나무로는 제격이다.

능수버들과 수양버들은 가지가 길게 늘어지고 버드나무는 가지가 훨씬 덜 늘어진다. 능수버들과 수양버들은 거의 같은 나무로 봐도 좋다. 지금 금천교에 자라는 나무는 정확히는 능수버들이 아니라 버드나무다.

금천교 느티나무

창덕궁 관람객들은 돈화문 안에 들어서면 잠시 숨을 가다듬는다. 서울은 언제나 초만원이다. 지하철이나 버스 안이나 심지어 길을 걸으면서도 사람과의 부딪침에 신경을 쓰다가 궁궐 안에 들어서는 순간 비로소 마음의 안정을 찾는다. 그래도 쫓기며 살아가는 우리의 습관은 어쩔 수 없다. 관람객들은 느긋하게 주위를 둘러보는 여유를 즐기기보다는 '무엇부터 볼 것인가?' 찾기에 바쁘다. 대궐의 이미지에 맞게 2층으로 웅장한 인정전이 눈에 들어온다. 가던 길을 멈추고 금천교 입구에서 사관생도의 직각 보행처럼 오른쪽으로 급히 꺾어야 인정전으로 갈 수 있다.

　　금천교를 건너면 바로 왼편에 가지 대부분이 처참하게 잘려나가 보기에도 안타까운 느티나무 1그루가 우리를 맞는다. 처참하고 안타깝다 함은 고목나무의 웅장하고 위엄 있는 옛 모습을 완전히 잃어버렸기 때문이다. 몇 년 전만 해도 궁궐의 고목나무로서 체면이 깎일 만큼 그렇게 망가지지 않았다. 불과 4~5년 사이에 이렇게 되어버렸다. 이 느티나무는 1350년경 태어났다 하니 나이는 자그마치 670여 살에 이른다. 조선왕조가 들어서기 거의 40여 년 전의 일이다. 이렇게 나이가 많으니 자연 수명이 다해 이제 영겁의 세계로 가버릴 준비를 하는 탓이라고 할 수도 있다. 그러나 사람의 기준에서는 나이가 많아 보여도 1천 년을 넘나드는 느티나

금천교 느티나무

창덕궁의 고목나무

〈동궐도〉- 금천교 느티나무

무만도 전국에 10여 그루가 넘는다. 지금 이 나무가 이렇게 된 것은 관리의 잘못 때문이다. 특히 20여 년 전, 줄기의 썩은 부분을 도려내고 '나무 외과수술'이란 인공수지 충전처리를 하면서다. 나무 외과수술은 썩은 부분을 칼로 도려내고 폴리에틸렌 수지로 메우는 처리를 말하는데, 최근에는 이 처리가 이름과는 달리 고목나무에 오히려 피해를 주는 것으로 알려졌다. 금천교 느티나무는 규장각 향나무에 이어 궁궐에서는 두 번째로 나이가 많은 고목이며 느티나무로는 궁궐에서 최고령 나무다. 줄기 둘레는 4.6m, 세 아름에 이르나 키는 6m 남짓이다.

〈동궐도〉에서 보면 진선문 앞 금천 가에 키가 낮은 나무가 몇 그루 그려져 있다. 고려대본에서 보면 줄기가 휘어져 있고 잎은 전형적인 느티나무라서 지금의 느티나무임을 금방 알 수 있다. 바로 옆의 잎이 진녹색인 음나무를 비롯해서 진달래 및 소나무는 모두 없어지고 오늘날 이 느티나무 1그루만 남았다. 한편 동아대본에서는 이 느티나무가 잎 모양이 완전히 다른 귀룽나무로 표현되었고 음나무도 다른 나무로 그려져 있어서 혼란스럽다.

이 느티나무는 궁궐의 각종 행사를 그린 진하도陳賀圖에서도 찾을 수 있다. 가장 오래된 진하도 병풍으로 정조 7년(1783) 사도세자와 혜경궁 홍씨에게 존호를 올리는 〈진하도〉에서 V자로 갈라져 있는 이 느티나무가

〈진하도〉 (1783년, 국립중앙박물관 소장) 부분   〈헌종가례진하도〉
                                                        (1844년, 경기도박물관 소장) 부분

〈조대비사순칭경진하도〉   〈왕세자탄강진하계병〉
(1847년, 동아대학교박물관 소장) 부분   (1874년, 국립고궁박물관 소장) 부분

보인다. 〈동궐도〉보다 약 50년 전 그림인데, 서쪽으로 뻗은 큰 가지 하나
가 부러지고 동쪽 가지만 남아 있는 모습을 〈동궐도〉에서 확인할 수 있다.
한편 헌종 10년(1844) 계비 효정왕후孝定王后(명헌대비明憲大妃)의 가례 모습
을 그린 기록화 〈헌종가례진하도憲宗嘉禮陳賀圖〉에서도 이 느티나무를 찾
을 수 있다. 뿌리가 나와 있는 모습이라든가 비스듬하게 자라는 모습이 지
금의 느티나무를 연상시키기에 충분하다. 이어서 3년 뒤인 헌종 13년
(1847) 헌종의 어머니인 신정왕후의 40세 생일을 맞아 축하하는 그림인

창덕궁의 고목나무

〈조대비사순칭경진하도趙大妃四旬稱慶陳賀圖〉에서도 찾을 수 있다. 요즈음이라면 나이 마흔은 좀 늦게 결혼을 하는 나이지만 당시에는 오래 살았다고 잔치를 벌였다. 격세지감의 세월이다. 두 그림은 3년 차이밖에 나지 않지만 줄기나 가지 뻗음 등 나무의 모습은 같지 않다. 머리카락 하나까지 그대로 표현하겠다는 의지로 그린 초상화와는 달리 나무는 일종의 장식품으로 위치를 표시하는 정도에 만족한 탓인 것 같다. 다시 27년의 세월이 흘러 1874년 고종과 명성왕후의 사이에 훗날 조선의 마지막 임금 순종이 태어난다. 이를 기념하여 〈왕세자탄강진하계병王世子誕降陳賀稧屛〉을 제작했는데 이 느티나무도 만날 수 있다. 150년 전 「자로 휘어진 모습이 지금보다 훨씬 싱싱하고 활기차다. 일제강점기의 사진에서도 이 느티나무를 찾을 수 있다. 알려진 바와 같이 지금의 금천교는 일제강점기에 원래 위치보다 북쪽으로 약 3~4m 더 옮겨졌다. 그래서 지금의 느티나무는 금천교와 거의 붙어 있다.

우리나라 시골 마을 입구에서 흔히 만나는 고목나무는 대부분 느티나무다. 혼자 자랄 때는 옆으로 넓게 가지를 펼쳐 아늑하고 편안한 공간을 만들어주는 것이 특징이다. 따로 별다른 시설을 하지 않아도 나무 아래 자그마한 제단 하나만 놓으면 당제堂祭를 올릴 수 있는 당산나무가 된다. 그래서 우리 선조들이 마을에 처음 정착을 시작할 때는 입구에 느티나무 1그루를 먼저 심었다. 궁궐에서도 건물 주변에 자라는 느티나무는 모두 정자나무처럼 옆으로 가지를 펼친 모습이다. 그러나 숲속에서 다른 나무들과 경쟁하면 곧게 자란다.

흔히 건물의 기둥이라면 소나무를 상상하나 사실은 느티나무가 훨씬 더 좋다. 나무의 강도가 소나무의 두 배가 넘고 잘 썩지 않아서 빗물이

일제강점기에 촬영한 창덕궁 금천교. 오른쪽에 줄기가 온전한 금천교 느티나무가 보인다.
(국립중앙박물관 소장 유리건판)

들이치는 건물의 바깥쪽 기둥이라면 느티나무가 제격이다. 건축재로는
배흘림기둥으로 유명한 영주 부석사 무량수전의 배흘림기둥 16개, 팔만
대장경판을 보관하고 있는 건물인 합천 해인사 법보전 기둥 48개가 모두
느티나무다. 그 밖에 사방탁자, 뒤주, 장롱, 궤짝 등의 조선시대 가구까지
느티나무의 사용 범위는 이루 헤아릴 수 없을 정도다. 다만 집단을 이루어
자라지 않으므로 같은 크기의 재료를 대량으로 얻기가 어려워 부분적으
로 쓸 수 있을 뿐이다. 정조 18년(1794) 수원화성을 쌓고 행궁을 지을 당시
문루에 느티나무나 잡목(참나무로 짐작)을 쓰기로 하고 전라도에서 어렵게
가져왔다고 한다. 순조 4년(1804) 창덕궁 인정전을 다시 지을 때 직경 2자
(약 60cm)가 넘는 느티나무를 전라도에서 구하려 했지만 적당한 나무가 없

창덕궁의 고목나무

어서 강원도에서 구했다고 한다. 그러나 실제로 인정전의 기둥과 보 등 건축 재료를 조사한 최근 자료에 따르면 인정전 기둥에 느티나무는 쓰이지 않았고 모두 소나무다.

금천 주변의 회화나무

〈동궐도〉에서 금천교 남쪽에 흐르는 금천의 동서쪽에 작은 숲을 이루어 크고 작은 나무들이 그려져 있다. 금천 서쪽에는 능수버들 2그루, 회화나무 1그루, 복사나무나 진달래로 추정되는 꽃나무 3그루를 볼 수 있다. 현재 다른 나무는 없어지고 회화나무만 살아 있는데, 삶이 편안하지 못하다. 금천 물길을 정비하면서 줄기의 반쪽은 흙으로 깊게 덮고 다른 한쪽은 금천에서 훤히 보이게 노출시켰다. 나무가 제대로 자랄 수 없는 환경을 만들어버린 셈이다. 나무껍질의 일부가 세로로 길게 벗겨지고 생육 상태도 극히 나쁘다. 뿌리목 부분에 너무 많은 흙을 덮고 금천 쪽으로 석축을 쌓아 나무뿌리가 뻗을 공간이 거의 없어졌기 때문이다. 생육에 절대적인 영향을 미치는 잔뿌리가 숨을 못 쉬게 만들었다. 나무 나이 250여 살로 돈화문 안 행랑 쪽의 회화나무 3그루와 비슷한 시기에 심은 것 같다. 오늘날 이곳에는 회화나무 이외에 매화나무, 함박꽃나무, 복사나무 등이 자라고 있다.

　〈동궐도〉에서 보면 금천 동쪽에는 위쪽 귀룽나무와 전나무 아래에 금천 남동쪽의 회화나무 1그루를 만날 수 있다. 이 회화나무 오른쪽으로 느티나무, 이어서 참나무가 자라며 진달래와 복사나무로 추정되는 꽃나무가 5그루다. 이 외에 능수버들 6그루가 동궐도에서 이 일대를 더욱 화사

〈동궐도〉- ①금천교 남서쪽 회화나무 ②금천교 남동쪽 회화나무 자리의 나무들

금천교 남서쪽 회화나무의 줄기 하단부. 천연기념물 제472호이다.

창덕궁의 고목나무

금천교 남동쪽에 자라는 회화나무 3그루

하게 한다. 그러나 오늘날에는 다른 나무는 없어지고 귀룽나무와 회화나무, 느티나무 자리에 회화나무 3그루만 나란히 자라고 있다. 회화나무 자리에 왜 귀룽나무가 그려졌는지는 알 수 없으나 동아대본에는 그대로 회화나무가 그려져 있다. 나이는 각각 약 300살, 550살, 300살로 추정한다.

《승정원일기》 영조 3년(1727)에 보면 전설사典設司 앞의 오래된 괴목槐木 1그루가 썩어 부러져서 베어내게 하겠다는 기록이 나온다. 느티나무와 회화나무는 같은 한자를 쓰므로 괴목이 어떤 나무인지 정확히 알기 어려우나 이 일대가 궁궐의 외조 영역이라는 점을 감안한다면 아마 회화나무로 봐도 좋을 것이다. 지금의 회화나무 중 나이가 300살이 넘는 2그루 중 1그루는 당시의 괴목을 베어낸 자리에 다시 심은 나무일 것으로 짐작된다.

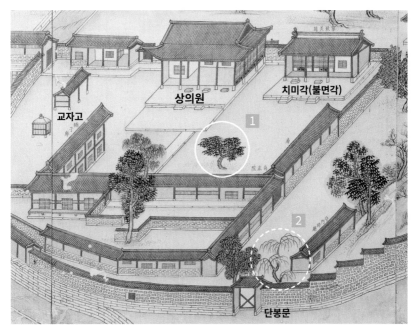

〈동궐도〉 – ①상의원 회화나무 ②오늘날 단봉문 회화나무 자리의 능수버들

상의원과 단봉문의 회화나무

〈동궐도〉를 보면 돈화문 동쪽으로 건물이 몇 채가 보인다. 중심 건물인 상의원 뜰에는 키 큰 회화나무 1그루, 남쪽 마당에는 느티나무와 회화나무가 1그루씩 그려져 있다. 다른 2그루는 없어지고 오늘날 상의원 뜰의 회화나무는 살아 있다. 지금 나이가 220살 남짓하니 당시에는 더 젊은 나무였다고 생각된다. 〈동궐도〉의 C자로 휘어진 모습과는 달리 곧게 일어서서 높이 자라고 있다.

한편 〈동궐도〉에는 단봉문을 들어서면 좌우로 귀룽나무와 능수버

상의원 앞뜰 회화나무의 현재 모습

〈동궐도〉 능수버들 위치에 새로 자리 잡은 단봉문 회화나무

들이 1그루씩 고즈넉하게 자리잡았다. 그렇지만 현재 단봉문 바로 안 동쪽에는 나이 180여 살 된 회화나무 1그루만 자란다. 아마 〈동궐도〉가 그려진 직후에 단봉문의 두 나무는 죽어버리고, 능수버들 자리에 회화나무를 새로 심어서 오늘에 이르는 것으로 짐작된다.

02 궐내각사 일원 - 규장각(이문원)·선원전·옥당

돈화문을 들어서서 북으로 금호문 앞을 지나 잠시 더 올라가면 임금을 가까이서 보좌하기 위하여 궁궐 안에 설치한 여러 관청 건물이 있다. 바로 궐내각사이다. 〈동궐도〉를 보면 금천을 가운데 두고 서쪽에 규장각(이문원), 동쪽에는 약방, 옥당(홍문관), 억석루, 예문관이 있다. 임금을 보좌하고 자문하는 등 오늘날 대통령 비서실처럼 왕의 업무를 돕는 전각이 모여 있다. 그러나 일제강점기에 거의 완전히 훼철되어 버렸다. 지금의 전각들은 2000~2004년에 걸쳐 복원한 건물들이다. 한편 옥당 뒤쪽으로는 선대 임금의 제사를 모시는 H자형 선원전 건물을 중심으로 제사와 관련된 영의사, 양지당 등의 부속 시설이 있다. 주요 전각에는 건물의 성격을 짐작할 수 있는 고목나무가 자라고 있어서 지나온 역사의 흔적을 되돌아볼 수 있다.

규장각(이문원) 향나무

오늘날 규장각 뒤, 조선시대 역대 임금의 유품을 보관하던 봉모당 앞뜰에는 웅장하면서도 우아한 모습의 향나무 고목 1그루가 우리를 반긴다. 줄

〈동궐도〉 – 외조 영역의 궐내각사와 나무들

기는 심하게 비틀리고 휘어져 용틀임을 하고 있고, 키는 땅딸막하고 가지
들이 옆으로만 퍼져 있다. 받침대를 설치하지 않았다면 가지들이 모두 땅
에 닿았을 것이다. 가지가 뻗어 있는 수관 부분이 편평하며, 웃자란 일부
가지가 봉긋하게 올라와 있을 뿐이다. 이 향나무는 줄기의 속살이 대부분
썩어버려 나이 추정에 어려움이 있지만 1968년 천연기념물 지정 당시
700년으로 추정하였으므로 지금 나이는 750~760살 정도로 짐작한다.
1392년 조선왕조가 개국하기 훨씬 전, 해인사 팔만대장경이 만들어지고

창덕궁의 고목나무

봉모당 앞뜰에서 만날 수 있는 규장각 향나무. 천연기념물 제194호이다.

얼마 지나지 않은 1270년경부터 자리를 잡은 셈이다. 궁궐에 살아 있는 생명체로서는 가장 나이가 많은 터줏대감 나무다. 세월의 무게를 이기지 못하여 지금은 받침목에 의지한 채 겨우 늙은 몸을 버티고 있다. 키는 약 6m, 1년에 높이 0.8cm 남짓 자랐다. 험난한 세상을 살아남기 위하여 한껏 몸을 낮춘 셈이다. 아울러서 향으로 쓰려고 사람들이 탐내는 속살은 아예 썩혀 없애버리고 가운데를 텅 비웠다. 덕분에 궁궐 안에서 역사란 이름의 소용돌이가 아무리 거세어도 살아남을 수 있었다. 동서로 길게 타원형으로 뻗은 가지들이 받침대에 의지하여 힘겹게 버티는 〈동궐도〉 속 모습 그

〈동궐도〉 – 규장각 향나무. 규장각은 이문원, 내각이라고도 불렀다. 동궐도 제작 당시엔 봉모당이 없었다.

대로 지금도 살아서 우리를 반기고 있다.

　　태종 4년(1404) 임금이 향교동에 이궁을 짓도록 명했다는 조선왕조실록 기록이 있다. 향교동은 향교가 있던 마을이라는 뜻이고, 그 이궁은 창덕궁이니 창덕궁 자리에 지방 교육기관인 향교가 있었다고 볼 수 있다. 이 향나무는 향교의 나무로 자라다가 궁궐이 들어서면서 보호되어 오늘에 이르는 것 같다. 지금도 〈동궐도〉 속 모습과 거의 같아서 더욱 정겹고 신기하지만 몇 년 전까지만 해도 이런 모습이 아니었다. 나무는 가지치기로 계속 다듬어주어야 원래 모양이 유지된다. 그러나 일제강점기에도 관리가 소홀했을 뿐더러, 이 향나무가 1968년 천연기념물 제194호 문화재로 지정되면서 문제가 생겼다. 인위적인 가지치기를 거의 할 수 없게 된 것이다. 다른 문화재와 마찬가지로 '형상 변경'을 통제하기 때문이다. 결국

　　　　　　　　　　　　　　　　　　　　창덕궁의 고목나무

향나무는 윗부분이 웃자라 뾰족한 원뿔형이 되었으며 키도 12m나 자랐었다. 이에 가지치기를 하여 〈동궐도〉의 모습으로 되돌려놓자는 의견과, 자연스럽게 자란 원뿔형 모습 그대로 두자는 의견이 대립하고 있었다. 그런데 이런 논란을 하루아침에 잠재운 해결사가 등장했다. 2010년 9월 2일 중부 지방을 강타한 태풍 곤파스가 지나가면서 웃자란 원뿔 모양의 부분을 깔끔하게 잘라버렸다. 200여 년 전 〈동궐도〉의 모습 그대로 돌아간 것이다.

이 나무는 정조와 순조 시대 학자이자 시인 유득공의 둘째 아들인 수헌 유본예(1777~1842)의 글에서도 찾을 수 있다. 그는 규장각 검서관으로 20여 년간 봉직했다. 그의 산문집 《수헌집樹軒集》에 실린 〈이문원노종기摛文院老樅記〉란 글에 이 향나무가 소개되어 있다. 그 내용을 옮겨본다.

이문원摛文院의 동쪽에는 늙은 노송나무가 있는데 적어도 100여 년은 된 나무이다. 그 몸통은 울퉁불퉁 옹이가 졌고 가지는 구불구불하여 멀찍이서 바라보면 가파른 산등성이나 성난 파도와도 같지만 바짝 다가가서 보면 둥그스름한 큰 집채와도 같았다. 기둥으로 나무를 받쳤는데 그 기둥이 모두 12개이다. 나무 옆에 누각이 있는데 바로 내가 이불을 들고 가서 숙직하는 장소이다. 좌우에 도서를 쌓아놓고 교정하느라 바쁘게 시간을 보내다가 때때로 나무 곁을 산책한다. 쏴쏴 불어오는 긴 바람 소리를 들으며 널찍이 드리운 서늘한 그늘 아래를 거닐면 몸은 대궐 안 관아에 있어도 숲속의 소나무와 바위 사이로 훌쩍 벗어나 있는 기분이 든다. 하루는 내가 동료를 돌아보고서는 다음과 같이 말했다. "이 나무는 정말 특이하군! 풀과 나무가 살아가려면 제각기 제 몸을 보전하는 계책이 있게 마련

일세. 풀명자나 배, 귤이나 유자, 그리고 단내(丹柰, 붉은 사과)나 석류 같은 종류의 나무들은 열매가 커도 가지가 그 무게를 충분히 지탱할 수 있지. 하지만 질경이나 두루미냉이, 남가새나 강아지풀 같은 종류는 살아가려면 땅바닥에 붙어 있어야 하네. 그래서 말발굽이 짓밟고 수레가 밟고 지나가도 더 손상을 입히지 못하지. 지금 저 노송나무는 줄기가 길어 몸통보다 곱절로 뻗어서 사방에 드리워도 잘라낼 줄을 모르네. 받쳐주는 기둥이 없으면 부서지고 갈라지고 말 걸세. 조물주가 이 나무에게는 사람의 손을 빌려 온전하도록 배려한 것이나 아닐까?" 아! 내가 암소의 뿔을 봤더니 뿔이 구부러져 안으로 향했는데 심한 것은 사람이 반드시 톱으로 잘라내야만 광대뼈를 뚫는 재앙을 모면하였다. 이제야 알겠구나! 노송나무는 가축에 비교하면 저 뿔을 잘라내야 온전해질 수 있는 암소와 같다. 가축이 인간에게 의지하여 살아나듯이 노송나무도 인간에 의지하여 살아난다. 나는 저 깊은 산중 인적 끊긴 골짜기에 이렇듯이 번성하게 자란 노송나무를 아직까지 보지 못했다.

– 안대회·이현일 편역, 《한국산문선 9》(민음사) 76~77쪽 발췌

옛 선비들은 향나무를 흔히 노송나무라 불렀다. 200여 년 전에도 규장각 향나무의 모습은 지금과 다르지 않았음을 〈동궐도〉에는 실감나게 묘사하고 있다. 12개의 기둥이 받치고 있다고 했는데 고려대본 〈동궐도〉에는 6개, 동아대본 〈동궐도〉에는 5개가 그려져 있다. 지금은 15개의 높고 낮은 기둥들이 받치고 있다.

규장각 향나무가 이렇게 기나긴 세월을 버틸 수 있었던 것은 왕실 제사에 쓰기 위하여 사람들이 특별히 보호하고 가꾼 덕분이다. 〈동궐도〉

에는 이 나무 이외에도 가까이 있는 선원전 앞뒤에 비슷한 크기의 향나무 고목이 각각 1그루씩 더 그려져 있다(103쪽 영휘문 바깥, 보춘문 앞). 금천을 사이에 두고 가까운 거리에 향나무 고목이 3그루나 있었던 것이다. 이는 궁궐에 가장 엄숙한 공간인 선원전의 제사에 쓰기 위함이다. 향나무는 나뭇진에 향이 들어 있는 침향沈香과 달리 나무 자체에 강한 향기를 품고 있다. 나뭇가지를 잘라 써도 되고 바쁘면 줄기에서 목질을 조금씩 떼어 써도 된다. 향을 피울 때는 향나무 토막을 얇게 깎거나 자잘하게 썰어 불씨를 담은 향로에 넣고 연기가 피어오르게 한다. 하얀 연기를 타고 신이 내려온다고 믿은 것이다. 향나무는 주변에 흔하면서 향을 간편히 얻을 수 있게 해주었다. 사실 궁궐에는 향을 쓸 일이 너무 많다. 임금이 돌아가시면 우선 궁궐 안에 적당한 건물을 골라 시신을 모시는 공간인 빈전殯殿을 설치하고 제사를 올린다. 장사를 지내고 나면 이번에는 종묘에 들어가기 전까지 신주를 모실 혼전魂殿를 마련하여 2년 조금 넘게 매일 제사를 올려야 한다. 원래 왕실에서는 향실香室이라 하여 나라의 제향祭享에 쓸 향과 축문을 보관·관리하던 기관을 따로 둘 만큼 향을 중요시했다. 인정전 서쪽 행랑의 북쪽 끝에 향실 건물이 있으며 관원으로 내시별감內侍別監을 비롯하여 10여 명의 관원까지 두었다.

　　향은 여러 경로로 수집하여 보관했다. 궁궐이나 왕릉에 향나무를 심기도 했지만 품질 좋은 향나무가 많은 동해안과 울릉도에서 조달하는 경우가 많았다. 조선왕조실록 등 기록에서 전후 사정을 알아보자. 숙종 28년(1702), "삼척진영의 대장 이준명이 울릉도에서 돌아와 그곳의 지도와 자단향紫檀香 등을 바쳤다. 울릉도는 2년 걸러 한 번씩 지방 관리를 보내어 특산물을 가져오도록 하고 있다." 또 정조 18년(1794) 강원도 관찰사 심진

천연기념물 제49호 울릉도 태하리 대풍감 향나무 자생지

현은 월송만호 한창국을 시켜서 울릉도를 조사한 내용을 조정에 보고한다. "4월 21일 배 4척과 80명의 병사를 싣고 출발하여 도중에 폭풍우를 만나 한 척을 잃어버리고 23일경에 황토구미진黃土丘尾津(지금의 울릉도 태하리)에 상륙하였습니다. 산으로 올라가서 살펴보니, 오른편은 바위가 병풍처럼 둘러쳐 있으며 그 위에는 향목정香木亭이 있었습니다. 예전에 한 해 걸러 향나무를 베어 갔던 까닭에 향나무가 점차 듬성듬성해지고 있었습니다. 자단향 두 토막을 비변사로 올려 보냅니다." 여기서 말하는 자단향은 향나무의 다른 말이다.

　　울릉도 향나무를 궁궐에 올려 보낼 때 황토구미진의 특산 황토를 같이 올려 보내게 했다는 이야기가 있다. 최고급 향인 자단향으로 이름을

울릉도 태하리 황토구미의 황토

바꾸어 부를 만큼 울릉도 향나무는 당시의 지방관으로서도 부하들의 목숨을 담보하는 위험한 과정을 거쳐야 가져올 수 있는 귀한 물건이었다. 육지에도 두 토막 정도를 만들 수 있는 향나무는 수두룩했을 터, 울릉도 자단이 아닌 육지의 가짜를 보내고 싶은 유혹이 생기지 않을 수 없다. 황토와 자단향을 같이 올려 보내라 함은 유혹을 원천 차단할 수 있는 조치다.

한편 오늘날 옛 소유재 자리인 봉모당 북쪽의 서고 건물 앞뒤로 거의 한 아름이 훌쩍 넘는 은행나무가 1그루씩 자라고 있다. 얼핏 나이가 수백 년이 되어 보이지만 서고 동쪽 은행나무가 180여 살, 서쪽 금천에 붙어 자라는 은행나무는 나이 90여 살에 불과하다. 당연히 〈동궐도〉에서는 두 은행나무 모두 찾을 수 없다.

규장각의 사라진 전나무

〈동궐도〉에는 규장각 앞뒤로 4그루의 나무가 그려져 있다. 문 안에 전나무 2그루, 규장각 바로 앞 서쪽 구석에는 귀룽나무 1그루, 뒤에는 측백나무 1그루가 성성하게 묘사되어 있다. 그러나 오늘날 이 나무들은 흔적도 없

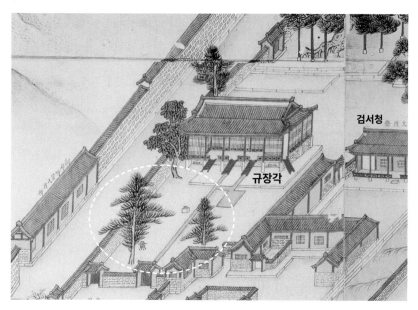

〈동궐도〉- 규장각의 사라진 전나무

이 사라져버렸다. 그래도 아쉬운 역사의 흔적으로 살아 있을 당시의 이 나무를 찾아가 본다. 정조 5년(1781) 지금 궐내각사 규장각이 들어서 있는 자리에 이문원摛文院을 세운다. 이곳은 원래 도총부가 있던 자리이나 도총부를 창경궁으로 옮기고 규장각 학자들이 머물면서 왕실의 도서, 임금의 글씨, 어진御眞 등을 보관·관리할 수 있도록 보금자리를 마련해 준 곳이다. 〈동궐도〉에 규장각 대문 앞 좌우에는 전나무 2그루가 그려져 있는데, 이 전나무와 관련하여 《임하필기林下筆記》의 〈이문원종회摛文院種檜〉란 글에 이런 이야기가 전해진다.

　　정조에서 순조에 걸쳐 벼슬을 한 이만수(1752~1820)는 규장각 제학으로 있던 시기에 앞마당에다 전나무 2그루를 나란히 심었다. 60여 년이 지나면서 나무는 크게 자라 아름드리가 되었는데 어느 날 1그루가 말라 죽어버렸다. 철종 9년(1858) 규장각 직제학이 된 이유원(1814~1888)은 그 자리에 다시 전나무를 심었다. 그러자 헌종에서 고종까지 3대에 걸쳐 벼슬을 한 윤정현(1793~1874)이 말하기를 "이 나무는 제학 이만수가 심은 것이라네. 나무가 더 자라 그대가 제학이 되면 내 무덤가 나무는 이미 아름드리가 되어 있을 것이네" 하면서 비아냥거렸다. 다시 세월은 흘러 새로 심은 전나무는 서너 길이나 될 만큼 자랐고 윤정현도 여전히 승승장구하고 있었다. 다만 이유원은 종3품인 직제학에서 종2품 제학이 되기를 바라고 바랐건만 무심한 세월만 흘러 바람은 이루어지지 않은 채 어느덧 머리털이 하얗게 되어버렸다. 이에 이유원은 "아마 나무는 하늘의 뜻을 얻어 이렇게 잘 자라고 있는데, 나는 어찌 머리가 하얗게 되도록 나무만큼에도 미치지 못한단 말인가?"라고 탄식했다고 한다. 헌종 13년(1847)의 〈조대비사순칭경진하도〉에도 이문원 대문 안쪽에 심어오던 나무 2그루가 보인다.

우리나라 중부 지방의 대표적인 바늘잎나무는 소나무이지만, 잣나무에 이어 전나무도 흔히 만날 수 있다. 전나무는 북한 북부의 고산지대를 비롯하여 백두산 일대의 원시림을 이루는 나무다. 그러나 환경 변화에 대한 적응력이 높아 중부 지방을 거쳐 남쪽으로도 거의 한반도 끝까지 내려온다. 전나무는 헌칠하게 곧고 큰 키로 자랄 뿐만 아니라 원뿔 모양으로 뻗는 가지 모습이 아름다워 궁궐 곳곳에 조경수로 심었던 흔적을 〈동궐도〉에서도 찾을 수 있다. 전나무는 재질이 조금 물러 힘 받는 곳에 쓰기에는 제약이 있지만 굵고 긴 목재인 장대재長大材로 쓸 수 있는 대표적인 나무다. 궁궐 건물에도 전나무는 소나무 다음으로 많이 쓰였다.

창덕궁의 정문 돈화문은 임진왜란 때 불타버리고 광해군 1년(1609)

〈조대비사순칭경진하도〉　　　　　　천연기념물 제495호 진안 천황사 전나무
(1847년, 동아대학교박물관 소장) 부분

에 중건하여 오늘에 이른다. 궁궐의 목조건물 중 가장 오래된 건물 중의
하나다. 정면 5칸, 측면 2칸에 문루까지 기품을 갖추고 있다. 기둥이 유난
히 곧고 매끈해 보인다. 궁궐 건물은 대부분 소나무 기둥이나, 돈화문은
특이하게 아래층의 경우 중간열 2개소만 소나무이고 나머지는 전나무다.
위층에도 전나무가 일부 섞여 있다. 임진왜란 직후 새로 지으면서 질 좋은
소나무 확보가 어려웠던 탓으로 보인다. 경복궁 근정전 기둥 40개 중
25개가 전나무다. 근정전을 위엄 있고 웅장하게 세우려면 고주高柱에 쓸
장대재 소나무가 필요하나 조달이 어려워 전나무를 대신 사용한 것으로
여겨진다.

임금의 어진을 봉안한 선원전의 측백나무

규장각에서 북쪽으로 조금 올라가면 남북의 일자 건물과 잇댄 금천에 만
우문萬宇門으로 들어가는 돌다리가 보인다. 건너편으로는 선원전·양지당·
영의사·약방·옥당 등의 건물이 배치되어 있다. 선원전은 돌아가신 임금의
초상화인 어진御眞을 모셔두고 매달 초하루와 보름 왕이 친히 분향·배례
를 하면서 간이 제사를 올리던 곳이다. 매우 신성하고 중요한 곳이었으며
화재 예방을 위한 드므를 4개씩이나 둘 만큼 귀중한 건물이었다. 창덕궁
선원전은 숙종 21년(1695)에 처음 지어 몇 번의 중수를 거쳐 숙종·영조·정
조·순조·익종·헌종의 어진을 모셨다. 그러나 일제강점기인 1921년 대보단
자리에 신선원전을 새로 건립하고, 다른 궁궐에 있던 어진과 함께 모시면
서 지금의 선원전은 빈 건물이 되어버렸다. 안타깝게도 신선원전의 어진
들은 한국전쟁 때 부산으로 피난을 갔다가 대부분 불타버린다. 현재 어진
은 영조어진, 반쯤 불타버린 철종어진, 전주 경기전에 보관되었던 태조어
진 등 일부만 남아 있다.

　〈동궐도〉에서 선원전 주변에는 몇 그루의 고목나무를 확인할 수 있
다. 바로 앞에 측백나무가 그려져 있고, 선원전에서 양지당으로 들어가는
동쪽 보춘문報春門 앞과 선원전 북쪽 문인 영휘문永輝門 바깥에 향나무 고
목이 각각 1그루씩 그려져 있다. 측백나무는 지금도 싱싱하게 잘 자라고
있으나 향나무 2그루는 없어져 버렸다.

　측백나무는 선원전 앞 서쪽 담장과 붙여서 나지막한 식수단植樹壇
을 만들어 심었다. 고려대본이나 동아대본 〈동궐도〉 모두 줄기 부분을 붉
게 처리하여 마치 주목처럼 보이나 오늘날 자라고 있는 실제 나무는 측백

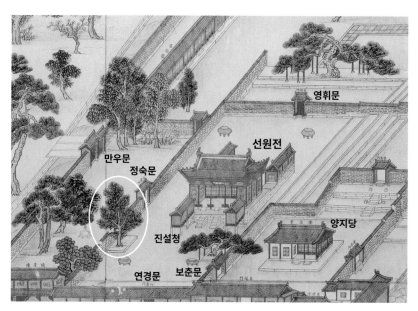

〈동궐도〉 – 선원전 앞 측백나무

나무다. 현재 측백나무는 땅에서 약 1m 높이부터 6개로 갈라진 굵은 가지들이 거의 위로 솟구쳐 뻗어, 가지가 옆으로 뻗는 보통의 고목들과 달리 약간 껑충해 보인다. 이런 모습은 측백나무의 자람 특성이다. 나무 나이는 약 300여 살로 추정된다. 〈동궐도〉를 그릴 당시 나이도 100여 살에 가까우니 제법 고목 티가 났을 것이다. 화가의 눈에도 충분히 띄었을 터인데, 지금 측백나무의 위치는 〈동궐도〉와 차이가 난다. 지금의 측백나무 위치는 선원전 본 건물 바로 앞에 있으나, 〈동궐도〉에는 선원전 진설청陳設廳 서남쪽으로 떨어져 있다. 그 이유를 알아본다. 첫째, 선원전 바로 앞에다 그대로 그려 넣으면 전각이 완전히 가려버리게 되므로 조금 떨어진 곳에 그린 것으로 추정한다. 이런 예는 후원 영화당 옆 느티나무 등 여러 곳에

서 찾을 수 있다. 둘째, 헌종에서 고종에 걸쳐 선원전을 여러 번 증축하면
서 위치가 바뀐 것도 한 가지 이유다. 최근의 예로는 광무 4년(1900) 선원
전을 1칸 증축한 기록이 《증건도감의궤增建都監儀軌》에 나와 있다. 선원전
본건물 칸 수를 늘려가면서 동시에 진설청도 그에 맞추어 위치를 옮기다
보니 〈동궐도〉에서 진설청 서남쪽에 있던 측백나무가 지금의 자리에 있게
되지 않았나 싶다. 〈동궐도〉의 정숙문正肅門 담장이 곧은 一자이나 지금은
ㄱ자로 구부러져 있는 것이 증거이다. 셋째, 선원전을 증축하면서 옮겨 심
은 것이 아닌가 생각할 수 있다. 선원전이 확장되면서 원래 있던 정숙문
바로 앞까지 건물이 들어서게 되어 문을 사용할 수 없게 되자, 새로 서문
을 내면서 지금의 위치로 옮겨 심었을 가능성이 있다.

    왜 많은 나무 중에 특별히 측백나무를 심었는지도 따져볼 필요가
있다. 측백나무의 한자 이름은 백栢·柏인데 《시경》 용풍의 시 〈백주柏舟〉,
《논어》 자한편의 '세한송백歲寒松柏' 등 중국 고전에 흔히 등장한다. 오늘
날 중국 산둥성 취푸의 공묘孔廟에도 1천여 그루가 넘는 측백나무가 자란
다. 또 한나라의 어사부御史府를 백부柏府라 하여 권위 있는 관서를 일컫는
말에 쓰이기도 했다. 《훈몽자회》나 《동의보감》에는 '백'을 측백나무라고
했으며 《왜어유해》에는 잣나무라고 했다. 훨씬 앞선 문헌인 〈신라민정문
서〉에도 앞뒤 관계를 봐서 '백'은 잣나무임을 알 수 있다. 이렇게 '백'을 두
고 중국과 우리나라의 해석에 차이가 있는 것은 산에 주로 자라는 침엽수
의 종류가 서로 다른 것과 연관이 있다. 중국의 침엽수는 바늘잎 모양을
가진 소나무 종류뿐만 아니라 비늘잎을 가진 백류柏類나무가 측백側柏 외
에도 백목柏木, 분백粉柏, 향백香柏, 자백刺柏, 원백圓柏 등 다양하다. 따라서
중국에서 송백은 소나무와 측백나무 이외에도 중국 침엽수 전체를 말할

선원전 측백나무의 현재 모습

창덕궁의 고목나무

때 주로 쓴다. 반면에 우리나라 산림엔 침엽수라면 소나무가 가장 많고 다음으로 흔한 나무도 바늘잎을 가진 잣나무다. 그래서 우리나라에서 송백은 좁은 의미로 소나무와 잣나무를 뜻하고, 때로는 침엽수 전체를 일컫는 의미로도 쓰인다.

측백나무는 중국에서도 귀하게 여기고 왕릉의 둘레나무로도 흔히 심었다. 궁궐에서 가장 신성하게 여긴 선원전 앞마당에 측백나무를 특별히 심은 이유도 측백나무를 고귀한 나무로 생각했기 때문으로 짐작할 수 있다. 측백나무로 제사공간으로서의 선원전 권위를 한껏 고양하고, 지금은 없어졌지만 〈동궐도〉에 그려져 있듯이 아름드리 향나무를 앞뒤로 두어서 상징성을 극대화했던 것이다.

영의사 느티나무와 사라진 능수버들

〈동궐도〉에서 보면 선원전 남쪽, 연경문衍慶門 앞에 있는 긴 건물이 영의사다. 왕이 선원전 참배를 할 때 미리 머물렀던 재실이다. 영의사의 서쪽으로 행랑처럼 늘어선 긴 건물의 끝에는 동그란 식수단이 있어 V자로 갈라진 매화나무 고목 1그루가 그려져 있다. 또 동문인 융안문隆安門 앞에는 능수버들 1그루가 그려져 있다. 보통 능수버들은 지대가 낮고 습기가 많은 곳이나 물가 등에 심는다. 옛 선비들이 유유자적하면서 아름다움을 노래하는 시에 주로 등장하는 매화나무와 능수버들이 엄숙한 공간에 심겨 있었던 셈이다. 이유는 알 수 없지만 제사용이라는 영의사 건물의 성격과는 잘 맞지 않는다.

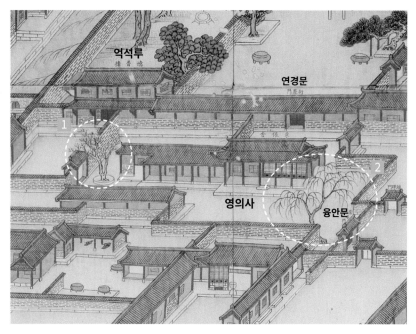

〈동궐도〉- ①영의사 느티나무 자리의 사라진 매화나무　②사라진 능수버들

　　오늘날 매화나무와 능수버들 두 나무는 흔적도 없이 사라졌다. 다
만 매화나무가 있던 자리에는 나이 160살 남짓한 아름드리 느티나무가
자란다. 아마 철종 말이나 고종 초쯤 제법 큰 느티나무를 어디서 옮겨다
심은 것 같다. 줄기가 땅에서부터 셋으로 갈라져 있어서 마치 3그루처럼
보이나 실제로는 1그루다. 최근 느티나무와 금천 담장 사이에는 살구나무
몇 그루를 심어 옛 정취를 살리려고 노력 중이다. 능수버들이 있던 위치보
다 조금 앞자리, 약방의 뒤쪽에는 살구나무 1그루를 심어두었다. 이 일대
는 일제강점기에 완벽하게 파괴되었다가 최근 복원하였기에 옛 정취를 느
끼기에는 한계가 있다.

　　　　　　　　　　　　　　　　　　　　　　　　　창덕궁의 고목나무

〈동궐도〉 영의사 매화나무 자리에서 새로 자란 느티나무

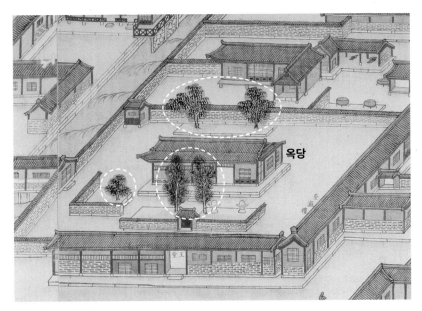

〈동궐도〉– 옥당 앞뒤의 없어진 나무들

옥당의 없어진 측백나무와 회화나무

〈동궐도〉에서 영의사의 아래는 약방(내의원)이다. 약방의 서쪽 아래 건물이 옥당으로서, 홍문관의 다른 이름이다. 조선시대 사헌부·사간원과 함께 흔히 삼사三司라고 하는 중요한 기관 중의 하나다. 옥당은 궁중의 여러 기록물을 관리·처리하고 왕의 자문에 응하는 권위 있는 기관이다.

〈동궐도〉에서 옥당을 들어서면 바로 차폐 담장이 있고 건물의 앞에 3그루, 뒤편에 2그루의 나무를 만날 수 있다. 모두 일부러 일정한 높이로 식수단을 쌓아 주변과 구분하고 심은 것으로 보아 매우 귀하게 여겼던 것 같다. 건물 앞 서쪽, 따로 있는 ㄴ자 차단벽 안쪽에는 역시 식수단을 만들

ㄴ자 담에 매화나무를 다시 심은 오늘날의 옥당

었고 자그마한 나무 1그루가 자란다. 잎만 돋은 모습으로 그렸으나 단정한 나무의 모양이나 위치로 봐서 조선시대 선비들이 좋아하는 매화나무로 추정된다.

이어서 옥당 바로 앞에는 큰 나무 둘이 한 쌍으로 그려져 있는데, 측백나무로 추정된다. 대문을 들어서면 측백나무를 바로 만나도록 한 것은 삼사의 하나인 옥당의 권위를 드러내기 위함이었다고 짐작된다. 오늘날 성균관대학교 입구에 있는 문묘의 대성전 앞에도 역시 측백나무를 대칭으로 심어 권위와 함께 위엄을 나타내는 상징으로 삼고 있다. 〈동궐도〉에서 대부분의 전각은 나무에 가려지지 않게 그렸다. 실제로 나무가 없었던 것이 아니라 생략한 탓이다. 하지만 이곳 옥당의 측백나무는 옥당의 출입문을 거의 가릴 정도로 전각의 건물보다 더 강조했다. 그만큼 이곳 측백나무를 중요하게 생각한 것으로 짐작된다.

옥당 뒤의 회화나무도 대칭으로 심겨 있다. 옥당의 측백나무, 매화나무, 회화나무는 모두 선비의 품격을 나타내며 옥당의 성격에 맞는 나무들이다. 최근 복원하면서 매화나무 몇 그루를 다시 심어서 여기가 선비들의 공간임을 알려주니 그나마 다행이다.

03 인정전 주변

인정전은 창덕궁의 정전으로 가장 위엄 있고 중요한 전각이다. 궁궐의 각종 의식이나 외국 사신의 접견에 쓰였다. 태종 5년(1405) 창덕궁을 창건할 때 같이 지어졌으나 임진왜란 때 소실되었다가 중건되었다. 그러나 순조 3년(1803)에 실화로 또 불탔다가 이듬해 다시 지어 현재에 이른다. 인정전 뒤에는 조릿대가 심겨진 화계가 있고 담장 너머는 후원으로 이어지는 숲이 시작된다. 인정전 내외 마당에는 나무가 없고 남쪽으로 인정문을 나서면 내병조, 호위청, 상서원이 들어 있는 외행랑으로 이어진다. 동쪽으로는 선정전과 동편 궐내각사 터가 있고 숙장문 밖은 빈청이 자리 잡았다. 빈청 앞산에는 좌우로 호위무사처럼 회화나무 고목 2그루가 빈청을 지켜주고 있다. 숲 안에는 씨앗에서 호롱불 기름을 얻을 수 있는 쉬나무 여러 그루가 느티나무, 소나무 등과 섞여 자란다.

인정전 화계의 조릿대

오늘날 인정전 뒤의 돌계단에는 흔히 산죽山竹이라고도 하는 조릿대가 빽

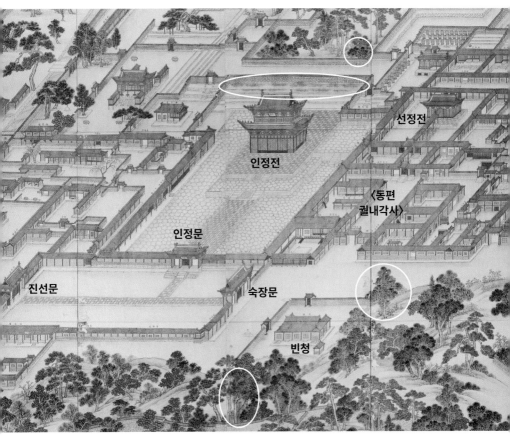

〈동궐도〉 – 인정전·빈청 주변의 나무들

빽하게 엉켜 자란다. 인정전은 응봉에서 뻗어 나온 능선의 산자락을 편평하게 깎아 만든 건물이라 뒤쪽은 흙이 흘러내리는 것을 막기 위하여 계단을 만들 수밖에 없다. 창덕궁 전체의 원래 지형이 산자락이다 보니 건물 뒤의 이런 계단은 곳곳에서 찾을 수 있다. 이 계단들에는 화초가 심어져 있는데, 이렇게 흙이 흘러내리는 것을 막아줄 뿐만 아니라 정원 역할도 함

창덕궁의 고목나무

께 갖춘 계단이 화계花階다. 〈동궐도〉에 보면 경훈각과 집상전集祥殿, 창경궁 경춘전과 자경전慈慶殿 등 주로 여인의 생활공간과 관계가 깊은 건물에서 흔히 화계를 찾을 수 있다. 바깥출입이 자유롭지 못한 궁궐의 여인들에게 꽃 감상이라도 하라는 최소한의 배려라고도 한다. 그러나 이곳 인정전은 공식적으로 나랏일을 돌보고 여러 행사를 하는 건물이므로 화계에 꽃나무를 심을 필요는 없었다. 뒷산의 흙이 밀려내려 오지 않게 땅을 단단히 붙잡아줄 조릿대를 심는 것이 제격이다.

인정전 뒤 계단을 두고 연산군 11년(1505)의 이런 기록이 흥미롭다. "인정전 뒤뜰이 좁아서 모시고 호위할 사람이 많이 들어갈 수 없으니, 인정전 뒤에 있는 화계를 넓히고 사람도 더 들어갈 수 있도록 하라." 화계란 말은 이색의《목은집》에도 나오지만, 이렇게 궁궐 안의 특정 건물을 지칭하면서 쓰인 예는 많지 않다. 연산군 당시에 화계라 하였으니 조릿대가 아니라 꽃나무를 심었을 가능성도 없지는 않다. 《임원경제지》에는 화계를 만드는 법에 대하며 "서재의 남쪽과 북쪽 뜰의 담벼락 아래에는 돌을 쌓아서 계단을 만들어 화훼를 심고, 분재를 진열하게 함이 마땅한데 혹은 한 계단으로 하고 혹은 두세 계단으로 만들되 땅의 높낮이에 따라 정한다"라고 쓰고 있다. 연산군은 같은 해 "후원에 영산홍 1만 그루를 심어라"라고 지시하는 등 유난히 영산홍을 좋아한 것으로 보여, 아마 화계에도 영산홍을 비롯한 꽃나무를 많이 심지 않았을까 싶다.

그러나 오늘날 인정전 화계에는 다른 나무는 없고 오직 조릿대만 자란다. 〈동궐도〉에도 조릿대만 그려져 있다(116쪽). 적어도 200여 년 전부터 조릿대를 심었음을 알 수 있다. 지금의 조릿대는 임진왜란 때 궁궐 전체가 소실되고 난 후에 복구할 때 심었을 수도 있다. 순조 3년(1803) 불탄

인정전 화계의 조릿대

이후 다시 지으면서 조릿대로 바꿔 심었을 가능성에도 무게를 두고 싶다.

고종 16년(1879)에 그린 〈왕세자두후평복진하도병〉의 인정전 서쪽 화계에는 뒤의 담장 높이보다 두 배는 더 큰 넓은잎나무 2그루가 보인다. 그러나 일제강점기에 인정전 서쪽과 지금의 향실 건물 사이에 행랑이 들어서면서 없어져 버렸다. 〈동궐도〉에서 보면 인정전 화계 이외에 연영합 延英閤과 수강재 사이의 화계에도 조릿대가 그려져 있다(52쪽). 인정전 조

창덕궁의 고목나무

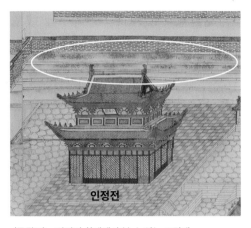

인정전

〈동궐도〉– 인정전 화계에서 볼 수 있는 조릿대

릿대보다 키도 크고 무성하게 그려져 있다.

조릿대는 땅속줄기로 뻗어나가면서 거의 흙이 보이지 않을 정도로 땅 표면을 빽빽하게 뒤덮는 것이 특징이다. 특히 창덕궁 일대는 화강암 모래 토양이라 흙이 흘러내리기 쉬우므로 땅을 보호하고 땅이 마르는 걸 막아주는 데 대단히 큰 도움이 된다. 조릿대는 허리 높이 남짓한 키에 볼펜 굵기의 작은 대나무다. 가늘고 유연성이 좋아 쉽게 휘고 비틀 수 있으므로 조리를 만들기에 적당하여 이름이 아예 조릿대가 됐다. 궁궐 안의 조릿대는 활과 화살을 만들던 내궁방內弓房과도 관련이 있다고 생각된다. 원래 전죽箭竹이라 하여 화살대를 만드는 데 쓰는 대나무로 '이대'가 따로 있다. 궁방에서도 전죽, 즉 이대를 이용했다는 기록은 조선왕조실록에서 여러 번 찾을 수 있다. 하지만 이대를 구하기 어렵거나 급히 화살을 만들어야 할 때는 조릿대를 비상용으로 쓸 수도 있었다. 땅이 비옥한 곳에서 잘 자란 조릿대는 전죽만큼 굵고 곧아서 바로 이용할 수 있었기 때문이다. 이대는 주로 남부 지방에 분포하므로 궁궐에는 자라지 않는다. 다시 조선왕조실록을 보면 연산군 5년(1499) 전라도 관찰사에게 급히 글을 보내기를, "삼향전죽三鄕箭竹을 후원에 심으려 하니, 2·3·8월에 각기 50포기씩 캐어 들이게 하라"라고 했다. 이어서 연산군 6년(1500) 의정부가

〈왕세자두후평복진하도병〉(1879년, 국립고궁박물관 소장)에서의 인정전 서쪽 화계

아뢰기를, "전라도에 명하시어 배로 전죽 포기를 1년에 세 번 운반하되, 매
번 50포기씩으로 하라 하시었는데, 그 뜻은 반드시 여기에 가져다 잘 심
어서 그것이 사느냐 죽느냐를 시험하여 앞으로 키우시려는 것인 줄 압니
다. 그러나 토성과 풍기風氣가 남방과 매우 다르니 반드시 살지 못할 것이
요, 다만 폐가 있을 따름입니다" 하니, 전교하기를, "전죽은 3차를 감하여
다만 100포기를 한 번에 들이게 하라"라고 한 내용이 있다.

　　따라서 화살 제작에 필요한 이대를 궁궐 안에도 심으려 했으나 실
패한 것 같다. 오늘날 이곳 조릿대는 자그마한 키에 서로 뒤엉켜 사는 모
습이 조금 품위가 없어 보이지만 나이가 200살이 넘는다. 다만 대나무 종
류들은 풀과 같은 성질을 갖고 있어서 꽃이 피고 나면 죽어버리고 다른 땅

1900년대 초 인정전 서쪽 화계(《조선고적도보》)

속줄기에서 새로 돋아난다. 조릿대는 짧게는 5년, 길게는 20~30년마다 꽃이 핀다고 하니 지금의 조릿대는 여러 대를 거친 셈이다.

인정전 북쪽 회화나무

〈동궐도〉의 인정전 동쪽 북행랑에는 관광청觀光廳라는 이름이 붙어 있다. 우리가 알고 있는, 볼거리를 찾아 떠나는 그 관광을 담당하는 곳이 아니라 과거시험을 담당했던 기관으로 추정된다. 관광청의 뒷문 집극문集極門을 나서면 바로 인정전 담장 밖에 또 외곽 담장이 있다. 모서리에는 담장에

〈동궐도〉 – 오늘날 인정전 북쪽 회화나무와 같은 위치에 느티나무로 그려진 어린 나무

반쯤 가려진 나무 1그루가 보인다. 나무 동쪽으로 옹희문雍熙門과 요월문曜月門이 있고 담장 너머에는 보경당寶慶堂의 장독대가 그려져 있다. 고려대본과 동아대본이 약간 차이가 있으나 잎 모양으로는 봐서는 느티나무를 그린 것 같다. 이 나무는 오늘날 아름드리의 큰 나무로 살아 있는데, 실제로는 느티나무가 아니라 회화나무다. 느티나무와 회화나무는 괴목槐木이란 한자 이름을 같이 쓰는 나무이니 당시 화가들은 같은 나무로 생각하여 회화나무를 느티나무 모습으로 그리지 않았나 싶다.

나무 나이는 약 220살, 대체로 1803년 순조 때 인정전이 불타고 다시 지을 때 심은 것으로 추정된다. 〈동궐도〉 당시의 나무 나이는 20살 남짓이라 눈에 잘 띄지도 않았을 터이나 궁궐의 권위를 상징하는 회화나무

창덕궁의 고목나무

인정전 동쪽에서 바라본 인정전 북쪽 회화나무

이므로 실제보다 더 크게 그린 것이다. 〈동궐도〉에서 보이는 인정전 뒤의
이중담장이 언젠가부터 홑담이 되면서, 회화나무는 오늘날 보경당 터에
서 바로 올려다볼 수 있다.

빈청 뒷산의 회화나무

〈동궐도〉에서 인정문 앞 광장의 동쪽 출입문인 숙장문을 빠져 나오면 왼
편으로 있는 인정전 동쪽 행랑과 맞닿은 건물들은 사헌부, 사간원 관리들
이 근무하는 대청臺廳이다. 이어서 야근을 밥 먹듯이 했던 승지들의 근무
처인 승정원承政院이 있다. 숙장문 밖 오른편으로 조금 떨어진 산 밑에는
빈청이 자리 잡았다. 빈청은 임금이 주관하는 아침 조회에 해당하는 상참
常參에 참가할 고위 관리들이나 비변사의 당상관들이 모여 임금을 만나기
전 먼저 회의를 하던 곳이다.

　　빈청, 대청, 승정원은 모두 높은 벼슬아치들, 과거 급제를 위해 많
은 공부를 했던 학자들이 머무는 곳이란 공통점이 있다. 상징성 있는 나무
를 심고 가꾸지 않았을까? 단봉문에서 낙선재 아래 종묘 경계 담까지의
궁궐 남쪽은 조금 경사가 급한 언덕으로 오늘날도 숲이지만 〈동궐도〉에도
많은 나무가 들어선 숲으로 그려져 있다.

　　빈청의 뒷산 격인 남쪽 산에는 동쪽과 서쪽에 회화나무 고목이 1그
루씩 자란다. 동쪽 회화나무는 나이 350여 살에 이르며 대체로 현종(재위
1659~1674) 때 심은 것으로 추정한다. 전각 곁에 있는 다른 곳의 회화나무
가 조금씩 휘어 자라는 것과 달리, 숲속에서 주위의 다른 나무들과 햇빛

　　　　　　　　　　　　　　　　　　　창덕궁의 고목나무

〈동궐도〉– 오늘날 빈청 뒷산 좌우의 회화나무

받기 경쟁하느라 비교적 곧고 더 높이 자란다. 〈동궐도〉에도 역시 시원하게 곧게 뻗어 있는 모습을 볼 수 있다. 하지만 〈동궐도〉의 줄기 모습과는 달리 지금의 회화나무는 울퉁불퉁 온통 혹투성이다. 삶이 편편치 않았음을 말해준다. 원래 회화나무는 곧게 잘 자라지 않는다. 그래서 옛사람들은 회화나무를 곧게 키우는 방법도 알아냈다. 《산림경제》에는 회화나무를 심는 방법을 설명하면서 "씨앗 껍질이 벗겨지지 않도록 조심해서 비 오는 날 삼씨와 함께 섞어 뿌린다. 뿌린 그해 삼과 함께 자라나는데 쓰러지지 않도록 말뚝을 박고 새끼줄을 쳐준다. 다음 해에도 삼씨를 뿌려 어린나무를 보호해 준다"라고 했다. 이렇게 하면 빨리 자라는 삼과 경쟁하느라 자연히 회화나무도 곧게 자란다. 옛사람들의 지혜가 놀라울 뿐이다.

빈청 뒷산의 회화나무 2그루

　　서쪽 회화나무는 빈청의 남서쪽 급경사지 숲을 이룬 언덕바지에
완전히 ㄱ자로 구부러져 자라고 있다. 겨울에도 나무 바로 아래 자라는 늘
푸른 사철나무가 받침대처럼 자리를 깔고 있어서 금방 눈에 띈다. 〈동궐
도〉에서도 지금 모습과 크게 다르지 않게 구부러져 있다. 세월의 흔적을
말해주듯 줄기 속이 거의 썩어버려 나이를 알아내기는 어려우나 350여 살
된 동쪽 회화나무보다도 더 나이 들어 보이니 400여 살로 추정된다. 임진
왜란 이후 창덕궁을 복원할 때 빈청을 지으면서 함께 심지 않았을까 싶다.

　　　　　　　　　　　　　　　　　　　　　　　　창덕궁의 고목나무

궁궐에서 왕세자가 거처하는 전각은 흔히 동쪽에 있으므로 동궁東宮이라
한다. 임금의 편전인 희정당의 동쪽, 오늘날의 성정각 일대가 창덕궁의 동
궁이다. 성정각은 숙종 이후 동궐로 사용됐으며 순조의 왕세자로서 3년간
대리청정을 했던 효명세자는 여기서 정사를 돌보기도 했다. 1907년 조선
의 마지막 임금 순종이 덕수궁에서 즉위하고 창덕궁으로 옮겨오면서 성정
각을 내의원으로 썼다. 성정각 남쪽 행각의 처마 밑에 "조화어약調和御藥",
"보호성궁保護聖躬"이라는 현판이 달려 있다. 임금의 약을 지어 임금의 몸
을 보호한다는 뜻이다.

지금의 성정각 누각 동쪽에는 감나무 1그루와 살구나무 4그루가
자란다. 나이 50~60살 남짓하여 당시에 심은 나무는 아니지만 모두 약재
와 관련되는 나무라 상징성은 크다. 감은 민간에서 배탈을 낮게 하고 설사
를 멎게 하는 효능이 널리 알려져 있으며《동의보감》에도 "곶감은 몸의 허
함을 보하고 위장을 든든하게 하며 체한 것을 낮게 한다"라고 하였고, 또
"홍시는 심장과 폐를 눅여주며 갈증을 멈추게 하고 폐와 위의 심열을 치료
한다"라고도 하였다.《본초강목》에는 딸꾹질, 오한, 중풍, 하혈에서부터 개
에 물린 데에 이르기까지 살구씨를 이용한 치료 방법이 200여 가지나 실

려 있다. 살구 열매가 많이 달리는 해에는 병충해가 없어 풍년이 든다고도 하며, 살구나무가 많은 마을에는 전염병이 못 들어온다는 이야기도 있다.

성정각 자시문 매화나무

창덕궁 답사에서 성정각을 둘러보고 나오면 어디로 갈 것인지 결정해야 한다. 세 가지 길이 있다. 입장료 5천 원을 더 내고 후원에 들어가는 방법과 함양문을 통하여 1천 원으로 입장할 수 있는 창경궁으로 넘어가는 방법, 아래로 조금 내려와 동쪽으로 낙선재를 관람하는 방법이다. 우선 성정각 동쪽 담장의 자시문 밖 축대에 자라는 매화나무부터 알아보자. 기록에 나오는 것은 아니지만 이 매화나무는 임진왜란 때 명나라에서 가져다 심었다는 이야기가 전한다. 입에서 입으로 전해지는 이야기의 신빙성은 따지기 어려워도 나름대로 상징성이 있으니 그냥 무시할 수는 없다. 더욱이 고목나무는 특별한 경우가 아니면 믿을 만한 기록이 남아 있지 않다. 옛 선비들에게 하찮은 나무 따위를 누가 왜 심었는지는 중요한 관심사가 아니었기 때문이다. 임진왜란 때 가져왔다면 나이가 400살 이상은 되어야 하는데, 굵기나 자람 모습으로는 너무 젊어 보인다. 뿌리 부분에 흙덮기가 깊어 지금은 두 나무처럼 되어 있고, 실제 나이도 70여 살밖에 안 되니 그럴 수밖에 없다. 오래전에 원줄기가 죽고 1960년대 초에 새로 심었거나, 아니면 원래 있던 고목나무 밑동에서 새싹이 나와 자란 것으로 짐작된다. 원래 자라던 나무의 아들이나 손자나무쯤 되는 셈이다. 그렇지만 이렇게 전설을 갖고 있는 고목나무는, 그 자리에 이어 자라는 후계목도 생물학적

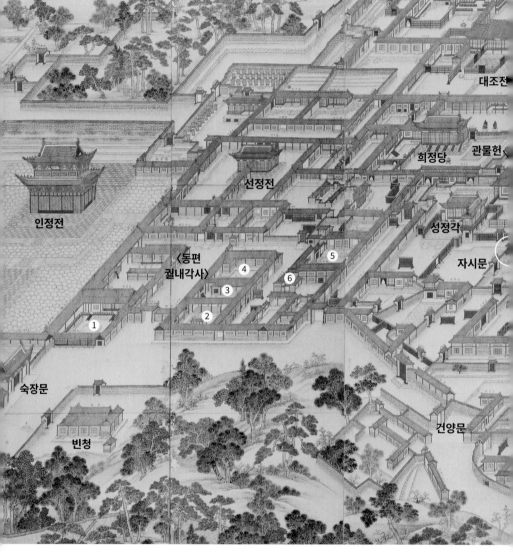

인정전

대조전

희정당

관물헌

선정전

성정각

자시문

〈동편 궐내각사〉

숙장문

빈청

건양문

〈동궐도〉 – 인정전과 동궁 사이, 동궁 일원의 나무들

대종헌

문화각

연영합

중희당

〈동궁 일원〉

홍서각

수강재

❶
❷
❸
❹
❺
❻

동편 궐내각사 | ①승정원 ②사옹원 ③궁방 ④장방 ⑤내반원 ⑥등촉방
낙선재 일원 터의 세부 건물 | ❶유호헌 ❷도시관 ❸시민당 터 ❹진수당 ❺장경각 ❻춘방

성정각 자시문 매화나무(만첩홍매)

인 실제 나이에 상관없이 원래의 나무와 같이 생각한다.

　　이 매화나무는 꽃잎이 여러 겹인 분홍 겹매화다. 매화는 꽃 색깔에 따라 백매와 홍매로 나누며 대부분 홑꽃이나, 이렇게 꽃잎이 붉고 겹겹일 때는 '만첩홍매萬疊紅梅'라고 한다. 우리나라 전국적으로 유명한 고매古梅는 250여 그루쯤 된다. 그중 약 90여 그루가 홍매이며 겹홍매는 45그루 정도다. 또 이렇게 꽃잎의 매수가 20여 겹인 만첩홍매는 더 귀하다.

명나라에서 임진왜란 무렵 가져왔다는 이야기가 서린 매화나무는 이곳 말고도 광주의 전남대학교 구내에 자라는 대명매大明梅가 있다. 광해군 13년(1621) 진문사 서상관書狀官로 임명된 고경명의 손

꽃잎이 붉고 겹겹인 자시문의 만첩홍매

자 고부천이 명나라에 갔을 때 황제 희종이 몇 가지 선물을 주었는데, 그 중 매화 화분도 들어 있었다고 한다. 그는 고향인 담양군 창평면 유천리로 매화를 가져와서 땅에 심고 키웠다. 이후 1961년 그의 후손이 매화나무를 전남대학에 기증했다. 흥미로운 것은 대명매도 만첩홍매로서 성정각 자시문 만첩홍매와 꽃 모양과 색깔이 거의 같다. 조금은 궁색한 논거 같지만 자시문 매화나무가 중국에서 왔다는 간접증거이기도 하다.

오늘날 이 매화나무가 자라는 자시문 건너편 중희당重熙堂 터 칠분서 앞에는 키 5m, 굵기 30cm의 매화나무 1그루가 더 자란다. 아래부터 셋으로 갈라져 독특한 모양새를 하고 있다. 자시문 매화나무보다 굵고 싱싱하며 꽃도 더 화사하다. 나무 나이도 거의 같고 꽃도 동일한 만첩홍매다. 같은 시기에 심은 것으로 생각된다. 〈동궐도〉에서도 삼삼와와 승화루 사이의 앞쪽에 꽃이 핀 홍매를 찾을 수 있는데 이 매화나무로 짐작된다. 한편 효명세자의 문집인 《경헌집敬軒集》〈정심실기靜心室記〉에는 "정원의 서

칠분서 매화나무(만첩홍매)

쪽에 매화가 있어 영춘홍매迎春紅梅라고 하였다”라는 기록이 있다. 봄을 맞는 서쪽의 매화라면 자시문과 삼삼와 앞의 칠분서 매화나무로 짐작되고, 이 나무가 임진왜란 때 명나라에서 가져왔다는 전설처럼 오래전부터 자라던 고매古梅임을 확인할 수 있다.

성정각 2층 누각은 같은 건물임에도 이름이 다른 편액이 둘 걸려 있다. 동쪽은 희우루喜雨樓, ‘가뭄 끝에 단비가 내려 기뻐한다’는 뜻이다. 남쪽은 보춘정報春亭이다. ‘보춘報春’은 봄을 알린다는 뜻이고 꽃으로 보춘화라고 하면 춘란의 다른 이름이다. 그러나 최종덕 전 국립문화재연구소장은 봄소식과 함께 매화가 가장 먼저 꽃을 피우므로 보춘화를 매화로 추정했다. 보춘정이라는 이름은 성정각 2층에 올라가면 동궁 일대에 유난히

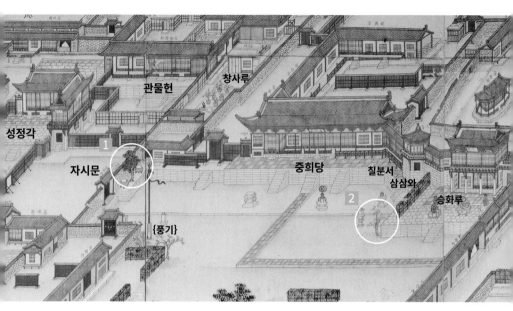

〈동궐도〉 – ① 자시문 매화나무 자리의 나무   ② 칠분서 매화나무

많은 매화를 볼 수 있어서 붙인 것이 아닌가도 싶다.

〈동궐도〉에서 보면 이 일대에 매화나무가 많았음을 짐작해 볼 수 있다. "유여청헌有餘淸軒"이란 이름을 달고 있는 관물헌 전각 옆 6개의 화분에 심겨진 꽃나무는 매화로 추정된다. 성정각과 잇대어서는 정조 때 문효세자를 위하여 세운 중희당이 크게 그려져 있다. 다만 자시문 앞, 지금의 매화나무 바로 그 자리에는 꽃 핀 매화가 아니라 푸른 잎사귀를 달고 있는 나무가 1그루 그려져 있다. 고려대본에서는 잎이 완전히 핀 상태의 귀룽나무, 동아대본에서는 상수리나무의 모습이다. 바로 그 자리에 현재는 매화나무가 자라고 있다. 그러나 우선 〈동궐도〉의 자시문 밖 나무와 이 매화나무의 위치가 정확히 일치하며, 동궁 영역이라 당시에 매화나무를

창덕궁의 고목나무

〈문효세자책례계병〉
(1784년, 서울대학교박물관 소장) 부분

〈왕세자두후평복진하도병〉
(1879년, 국립고궁박물관 소장) 부분

심었었을 가능성도 높다.

〈동궐도〉가 그려지기 50년 전쯤인 정조 8년(1784)의 〈문효세자책례계병〉에서 왕세자 수책 장면을 보면 자시문 밖 오늘날 매화나무가 자라는 위치에 3그루의 나무가 그려져 있다. 역시 잎이 핀 상태로서 매화나무라고 단정하기는 어려우나 위치가 정확히 일치하는 점으로 보아 오늘날의 매화나무와 관련이 있는 것으로 짐작된다. 또 순종이 어린 세자 시절 병에 걸렸다가 나은 것을 기념하여 그린 〈왕세자두후평복진하도병〉에도 같은 위치에 나무가 그려져 있다.

다시 〈동궐도〉를 보면 중희당은 정면 9칸이나 되는 큰 건물인데, 넓은 마당 한편의 바람 방향을 알아내는 풍기風旗 바로 앞에도 매화가 그려져 있다. 중희당이 동궁의 정당正堂으로서 제대로 기능하던 시기는 순조의 아들인 효명세자 때이며, 이후 편전으로 사용되는 등의 과정을 거치다

승화루에서 바라본 중희당 터 일대. 봄이면 만개한 자시문 매화나무(왼쪽)와 칠분서 매화나무(오른쪽)를 함께 만날 수 있다.

가 고종 때인 1891년에 이건하라는 명과 함께 철거되어 버린다. 지금은 널찍한 빈터로서 창덕궁 후원으로 들어가는 입구가 되어 있다. 오늘날 창덕궁에서 고목 매화를 찾을 수 있는 곳은 바로 이 일대다. 최근에 조성된 낙선재 앞 매화나무 숲과 함께 봄날의 창덕궁을 한층 기품 있게 해준다.

창덕궁 매화나무와 관련하여 일본 동북 지방 미야기현의 유명한 절 즈이간지瑞巖寺에 자라는 와룡매臥龍梅와 연관시키는 이야기가 최근 서적이나 신문 기사, 학술논문에까지 등장하고 있다. 이 와룡매는 400년이 넘는 홍매와 백매 2그루로서 임진왜란이 한창이던 1593년 다테 마사무네伊達政宗라는 일본 장수가 우리나라에서 가져가서 심었다고 즈이간지 소

창덕궁의 고목나무

일본 즈이간지 와룡매의 후계목인 수원농생명과학고 매화나무

개간판에 적혀 있다. 1992년 절 부근의 가미농고는 자매결연학교인 수원
농생명과학고(옛 수원 농고) 후계목 2그루를 보내왔으며 1999년에는 서울
남산의 안중근 의사 동상 앞에도 가져다 심었다. 이 와룡매는 한반도 어디
에서 가져간 것인지 밝혀지지 않았음에도 창덕궁 선정전에 자라던 매화
라는 주장이 나오기 시작했다. 그러나 선정전 앞에 매화가 있었다는 기록
은 어디에도 찾을 수 없으며 의미 있는 설화나 전설도 알려진 바 없다. 또
다테 마사무네는 서울까지 올라오지도 않았다고 한다. 따라서 일본 즈이
간지의 와룡매는 창덕궁과 아무런 관련이 없다. 아마 창덕궁의 위치가 종
로구 와룡동이라는 사실에서 '선정전 와룡매'라고 잘못 추정된 것으로 짐
작된다.

동궁 앞 숲속의 쉬나무

쉬나무는 잘 알려진 흔한 나무는 아니다. 필자는 나무답사객들에게 "아기 오줌 누일 때 '쉬~'하는 나무"라고 설명한다. 물론 진짜 어원은 한자 이름 수유목茱萸木에서 왔다. 쉬나무는 그 씨앗으로 기름을 짜 호롱불을 밝히는 등유로 이용하던 중요한 자원식물이다.

창덕궁 숙장문과 낙선재 사이는 오늘날 거의 빈터이지만 〈동궐도〉에 보면 임금의 정사를 보필하고 시중들던 이들이 일하던 승정원, 내반원內班院 등의 궐내각사 건물이 가지런하게 있었음을 알 수 있다(126~127쪽). 이어서 오늘날 낙선재에 이르는 공간은 많이 변형이 되었어도 〈동궐도〉에는 성정각, 중희당, 효명세자의 처소로 추정되는 연영합을 비롯하여 왕세자가 머물던 동궁의 영역임을 알려주는 여러 건물이 있다. 임금의 집무실인 선정전과 가까운 궐내각사는 임금을 보좌하는 관리를 비롯하여 내반원의 내시들까지 야간근무를 수없이 해야 하는 사람들이 근무하는 곳이다. 눈에 띄는 건물은 등촉방燈燭房이다. 비교적 규모가 큰 사옹원司饔院, 장방長房, 궁방弓房의 긴 동행랑 길 건너에, 가운데 대문을 둔 U자형의 4칸 건물로 규모가 크지는 않다. 궁궐의 호롱불과 촛불을 담당하던 관서로 종5품 환관직인 상탕尙帑이 일을 맡았다고 한다.

아울러서 동궁은 임금이 될 준비를 하는 왕세자가 밤늦게까지 공부를 하는 장소였다. 오늘날의 낙선재 영역에도 왕세자와 관련된 건물이 여럿 있었다. 지금도 남아 있는 수강재를 중심으로 보면, 서쪽의 긴 행각이 세자 도서관으로 추정되는 홍서각弘書閣, 북쪽으로 역시 세자와 관련이 있는 유호헌攸好軒과 도시관都是觀이 자리 잡았다. 동남쪽으로는 〈동궐도〉

에 빈터로 그려진 시민당時敏堂 터가 보인다. 숙종·영조 연간에 왕세자의 편전으로도 이용되었고 사도세자가 잠시 대리청정을 하던 곳이다. 시민당 북쪽의 팔작지붕 건물은 진수당進修堂이다. 영조의 첫 번째 세자인 효장세자가 여기서 10살 때 죽었다고 한다. 시민당의 동쪽에는 세자의 교육을 담당하는 춘방春坊과 경전을 보관하던 장경각藏經閣이 있다. 또 〈동궐도〉에는 보이지 않지만 진수당 일대에는 세자의 처소로 이용되던 저승전儲承殿, 낙선당樂善堂 등도 있었다. 이래저래 궁궐의 이 일대엔 밤에 불을 밝힐 등유가 가장 많이 필요한 건물들이 몰려 있었던 셈이다. 물론 왕실에 필요한 물자를 관장하는 내자시內資寺를 통하여 일상적으로 쓸 등유는 조달받았을 터이나 비상상황에 대한 대비가 필요했다. 창고에 재고는 없고 갑자기 등유가 필요할 때 바로 곁에 쉬나무가 있어서 씨앗을 확보할 수 있다면 금방 기름을 짜서 대처할 수 있다. 숙장문에서 건양문으로 이어지는 길의 남쪽, 빈청 뒷산은 손쉽게 접근할 수 있어서 쉬나무를 심어두기에 안성맞춤이다.

오늘날 빈청 뒷산 일대에는 크고 작은 쉬나무가 여러 그루 자란다. 줄기 둘레 한 아름이 넘는 고목나무도 있고, 지름 한 뼘 남짓한 나무 10여 그루도 만날 수 있다. 흥미로운 것은 쉬나무는 암수가 다른 나무인데, 열매의 결실을 돕기 위하여 암수나무를 섞어 심은 점이다. 그래서 이곳의 암나무에는 다른 곳의 쉬나무보다 더 많은 양의 씨앗이 달리는 것을 볼 수 있다. 쉬나무는 이곳뿐만이 아니라 수강재 앞의 창경궁에서 종묘로 넘어가는 옛 육교 길의 언덕, 함양문 부근 등 궐내각사와 성정각 주변의 후원에도 흔하다.

쉬나무는 초여름에 꽃이 피는데, 연한 황록색으로 거의 흰빛에 가

빈청 뒷산 일대 쉬나무

창덕궁의 고목나무

쉬나무 열매와 씨앗

깝고 원뿔 모양의 꽃차례에 작은 꽃이 무더기로 달린다. 꽃 피는 기간도 한 달이 넘게 이어지며 꿀이 많이 들어 있어서 아까시나무가 우리나라에 들어오기 전에는 꿀 따는 중요한 밀원식물이기도 했다. 꽃 진 자리마다 열매가 헤아릴 수도 없이 많이 달려 가을이면 붉게 익는다. 속에 쌀알 굵기의 새까맣고 반질거리는 씨앗을 채취할 수 있다. 씨앗 속에는 기름 성분이 40%나 들어 있어서 손쉽게 기름을 얻을 수 있는 유지油脂자원이다. 참깨로 참기름을 짤 때와 마찬가지로 씨앗을 솥에다 가열하여 덖은 다음 압착하여 기름을 얻는다. 쉬나무 기름으로 켠 불은 맑고 밝으며 그을음이 적어서 책 읽는 공부방에서는 더욱 사랑을 받았다. 그래서 옛 선비들은 집 앞에 회화나무를 심어 고명한 선비가 사는 집임을 사방에 알리고 뒷산에다는 쉬나무를 심어 열매로 기름을 짜서 호롱불을 밝히고 책 읽기에 열중했다. 오늘날 옛 양반마을 앞에 근사한 회화나무만 있고 뒷산에 쉬나무가 보이지 않는다면 공부하지 않는, 겉멋만 든 게으른 선비였다고 봐도 좋을 것이다.

《성호사설》에는 "쉬나무 열매로 기름을 짜서 등불을 켠다"라고 했다. 또 조선 후기의 문인 이학규(1770~1835)의 《낙하생집》에는 '등유자燈油子(쉬나무 열매)는 가을에 붉게 익고 식수유와 같으며 기름을 짜서 불을 켤 수 있다'고 했다. 《일성록》에도 정조 12년(1788) 경상감사의 장계 내용 중에

〈무신진찬도병〉(백은배 등 7인, 1848년, 국립중앙박물관 소장) '통명전야진찬' 부분.
처마에 등을 매달아 야간 연회가 열린 전각을 밝힌 모습이 보인다.

'손가락 두 개 굵기의 등유목燈油木으로 볼기를 때렸다'는 기록이 나온다. 껍질이 매끈한 쉬나무 가지는 곤장보다 가볍게 매를 때릴 수 있는 재료다. 《연암집》에도 '등유목에 목을 매었다'는 기록이 있다.

쉬나무 이외에도 등유를 얻을 수 있는 식물은 많다. 피마자, 들깨, 유채 등이 있으나 배고픔이 일상이었던 조선시대에 곡물이 아닌 작물을 경작지에 키워야 하는 부담이 있었다. 나무 중에는 때죽나무, 동백나무, 유동油桐나무, 비자나무 등의 열매에서도 등유를 얻을 수 있으나, 때죽나무 이외에는 자라는 곳이 모두 남서해안 섬 지방이라 수집과 운송에 어려움이 많았다.

궁궐에서는 연종제年終祭라 하여 연말에 악귀를 쫓기 위하여 섣달 그믐날 총을 쏘며, 각종 탈을 쓰고 북을 치면서 대궐 안을 두루 돌아다니기도 했다. 초롱이나 횃불로 쉬나무 열매 기름이 필요했을 것이다. 궁궐에는 야간 행사에도 등유가 필요했다. 〈무신진찬도병戊申進饌圖屛〉의 '통명전 야진찬' 화폭을 보면 야간 조명을 매다는 처마 부근에 유리화등과 양각등을 두 줄로 매달아 두었으며 주렴과 황색 휘장의 남면에는 일정한 간격을 두고 등을 걸어놓았다. 밤에 불을 밝혀야 할 야외 등도 많았다. 왕대비의 공간인 수정전壽靜殿과 편전인 희정당 앞에는 홍등紅燈이 있고 동궁인 중희당, 문화각文華閣, 연영합 등에는 석등이 놓여 있었다. 이런 야외 등에는 등유도 썼겠지만 쉬나무 열매를 채취하려면 품이 많이 드니 상대적으로 불이 오래가고 간편하게 얻을 수 있는 관솔로 불을 밝히는 경우도 많지 않았나 싶다. 가례嘉禮의 준비물 등 야외의 밤 행사를 위하여 관솔을 확보한 기록들은 수없이 나온다.

낙선재 터 홍서각의 사라진 꽃나무들

성정각과 낙선재로 이어지는 창덕궁의 동쪽 공간은 너무 많이 변형되어 〈동궐도〉에서 이 일대를 유추하기는 쉽지 않다. 낙선재는 조선 말기의 여인들이 마지막을 보낸 곳으로 알려져 있다. 순종의 계비 순정효황후, 고종의 고명딸 덕혜옹주, 마지막 황태자비인 영친왕비 이방자 여사 등이 대한민국이 들어선 이후까지도 낙선재에 살았다. 낙선재 권역은 주 건물인 낙선재를 비롯하여 석복헌, 수강재의 셋으로 이루어진다.

　　〈동궐도〉를 펼쳐놓고 보면 수강재 옆에 홍서각이라는 긴 행랑 같은 건물이 보인다. 수강재는 정조 9년(1785) 옛 수강궁 터에 정조가 자신의 서

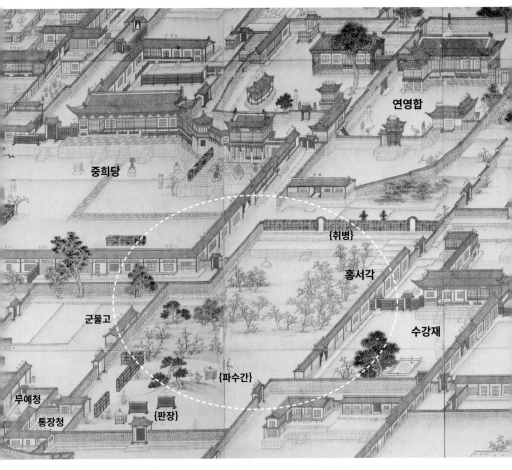

연영합

중희당

{취병}

홍서각

군물고

수강재

{파수간}

무예청

통장청

{판장}

〈동궐도〉 – 홍서각 앞, 매화나무로 추정되는 꽃나무밭. 지금은 모두 없어졌다.

재로 지었다고 하며 홍서각은 책을 보관했던 건물로 알려져 있다. 홍서각의 서쪽에는 사방이 담이나 행랑으로 둘러쳐진 꽤 넓은 마당이다. 작은 나무에서 제법 고목 티가 나는 큰 나무까지 70~80그루의 분홍 꽃나무와 소나무, 회화나무, 느티나무로 추정되는 고목이 그려져 있다. 북으로 조금

창덕궁의 고목나무

떨어진 언덕바지에는 효명세자가 머물던 전각으로 알려진 연영합이 있으며, 사이에는 병풍 모양으로 취병翠屛을 설치했다. 효명세자가 대리 청정할 때 이용했다는 중희당과 부분적으로 이어져 있으나 이중담장으로 구분하여 출입문도 보이지 않으니 아마 바로 출입할 수 있던 공간은 아닌 것 같다. 그외 서쪽의 군물고軍物庫, 무예청武藝廳, 통장청統長廳 등은 궁궐 지킴이 기관이다. 서남쪽 담장의 출입문에는 각각 취병과 판장板墻(널빤지로 된 가림막)을 설치하여 안이 바로 들여다보이지 않게 했다. 반면 동쪽의 홍서각에는 2개의 문을 두어 쉽게 출입을 할 수 있게 했다. 또 왕세자와 관련된 중희당과 연영합이 담 하나를 사이에 두고 붙어 있으며 전각 앞이 아님에도 취병과 판장을 설치한 것으로 봐서는 왕세자의 전용 공간으로 봐도 좋을 것 같다.

그렇다면 〈동궐도〉에 보이는 이 세자의 정원에 심은 분홍 꽃나무들은 무슨 나무인가? 모양새로 봐서는 복사나무나 매화나무일 터다. 그림만 보고 둘 중 어느 나무인지는 구별이 어렵다. 여러 정황으로 알아봐야 한다. 복사나무일 가능성을 먼저 따져보자. 복사꽃은 도연명의 〈도화원기桃花源記〉에서 유래한 '무릉도원' 고사에서처럼 이상향을 상징하며 열매는 신선이 먹는 선도仙桃로 인식되었다. 꽃나무이면서 동시에 과일을 먹을 수 있는 중요한 나무였다. 차비대령화원差備待令畵員을 뽑은 녹취재祿取才의 화제 중에는 "구중궁궐의 복사꽃 봄 경치에 취한다九重春色醉仙桃"라는 말이 있으니, 궁궐에 복사꽃을 흔히 볼 수 있었음을 말해준다. 또 《궁궐지》에는 창덕궁 영모당永慕堂과 경복전景福殿 터 주변에 복사나무가 많았다고 한다. 따라서 궁궐 안에도 복사나무를 여기저기 심었으며 이곳에다 복숭아밭을 만들었을 수도 있다. 좋은 과일을 수확하려면 관리를 잘해주어야

오늘날의 낙선재 일대

하니 궁궐에서 잡역을 하는 사람들이 편하게 들락거려야 한다. 그러나 그림에서는 아주 어린 나무부터 큰 나무까지 섞여 있어서 솎아주고 퇴비를 주는 등 따로 나무를 관리한 흔적은 잘 보이지 않는다. 과일 공급은 상림원上林園이라는 전문 기관이 별도로 있었으므로 궁궐 안 세자의 영역에 꼭 이렇게 큰 복숭아 과원을 둘 가능성은 크지 않다.

　　다음은 매화나무일 가능성이다. 매화는 조선시대 선비들이 가장 아끼고 좋아한 꽃이다. 이곳은 세자가 제왕 수업을 하는 동궁과 가까운 곳이며 그의 도서관 기능을 했다고 짐작되는 홍서각의 앞마당이다. 당대 최고의 학식을 갖춘 선비가 세자의 스승이 되었을 터이니 선비들과 교류가 잦았다. 당연히 세자도 매화를 좋아했을 터이고 〈동궐도〉에도 동궁 일원에 매화나무가 많이 보이며 지금도 이 일대에는 매화나무가 많다. 〈동궐도〉를 자세히 들여다보면 자연스럽게 자라면서 여러 모양을 연출하는 매화나무의 특성이 고스란히 살아 있다. 위치로도 나른한 봄날 책 읽기에 지친 세자가 앞마당에서 풍기는 은은한 매화 향기로 심신을 달랬을 것 같다. 또 이 꽃나무밭에는 북쪽 연영합과 사이에 있는 긴 취병과 서쪽 문 앞에 설치된 ㄱ자 취병이 있고, 남쪽 문 앞에 판장 2개와 함께 주위를 지키는 1칸짜리 파수간把守間도 두 군데나 있다. 모두 홍서각 건물의 중요성을 짐작할 수 있는 시설들이다. 복숭아밭이었다면 필요치 않는 시설물이다.

홍서각 앞 꽃나무밭은 취병, 판장, 파수간 등이 들어선 것으로 봐서 세자의 전용공간으로 짐작된다. 따라서 복숭아 수확을 위한 과원보다 세자는 선비들이 좋아하는 매화나무를 심었을 가능성이 더 크다. 오늘날 낙선재 앞에는 제법 굵은 매화나무 여러 그루를 심어 매화밭을 만들었다. 바로 홍서각의 위치는 아니지만 지금의 매화밭으로, 없어진 〈동궐도〉 홍서각 꽃나무밭의 아쉬움을 달래고 있다.

문화각 터 돌배나무

200여 년 전에 있었을 홍서각 꽃밭이 복사나무인지 매화나무인지의 고심을 잠시 떨치고 오늘날 후원 입구 주변인 〈동궐도〉 중희당 터로 눈을 옮겨

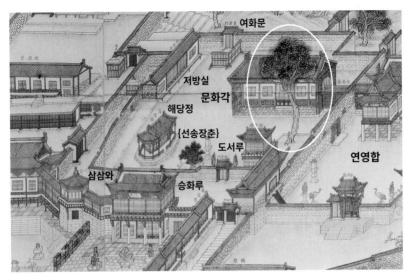

〈동궐도〉 – 문화각 앞의 돌배나무. 문화각은 없어졌고 오늘날에는 그림보다 훨씬 왼쪽에 자라고 있다.

본다. 승화루 뒤편에는 얼핏 느티나무 잎 모양에 약간 구부정한 몸매가 특징인 고목나무 1그루가 보인다. 이 나무는 지금도 살아 있는 돌배나무다. 뒤로 편액 일부가 나무에 가려진 정면 5칸의 건물이 문화각이고 앞 건물은 도서루圖書樓다. 문화각은 쓰임이 명확하게 알려져 있지 않으나 중국풍이어서 청나라에서 가져온 도서나 물품을 보관하던 곳으로 추정하기도 한다. 도서루는 이름 그대로 공부방이었거나 책을 보관하는 곳이 아니었나 싶다.

봄꽃이 한창인 4월 중순경 중희당 터에 서면 오른쪽 삼삼와와 승화루 뒤로, 나무 전체를 덮고 있는 하얀 배꽃이 뭉게구름이 피어오르듯 멋스럽다. 특별히 달밤의 모습이 더 아름답다. 돌배나무는 승화루 뒤 장대석 계단 위 평지에 자라며 건물은《궁궐지》에 나오지 않으므로 조선 말기에 벌써 없어져버린 것으로 보인다. 이 돌배나무는 궁궐에서 가장 크고 오래된 돌배나무다. 지금은 봉긋하게 솟은 땅에 주목과 느티나무와 같이 자란다. 바로 뒤로 창경궁과의 경계 담에 여화문麗華門이 보인다. 다만 〈동궐도〉 그림의 돌배나무는 지금과 위치가 조금 다르다. 문화각 주변의 건물은 모두 없어지고 빈터이지만 〈동궐도〉 기준으로 본다면 지금의 돌배나무는 문화각 동쪽에 있어야 맞다. 이렇게 다른 이유를 생각해 보면, 먼저 화가가 나무를 옮겨 그렸을 가능성이 있다. 〈동궐도〉에서 돌배나무를 지금의 위치에 그린다면 서쪽의 저방실貯芳室 행랑과 여화문 등이 가려버릴 것이므로 이를 피한 것이 아닌가 싶다. 또 이 일대가 헐리고 상량정 등 새로운 건물이 들어서는 과정에 위치가 바뀌었거나, 옮겨 심었을 가능성도 있다. 돌배나무는 이곳 말고도 연경당 안채 뒤에도 제법 큰 나무가 1그루 더 자라고 있다.

조선 초기부터 궁궐에는 돌배나무를 흔히 심었던 것 같다. 조선왕조실록에는 세종 때 "후원의 배나무에 감로가 내리다", 중종 때는 "꽃 피는 철이 아님에도 궐내의 배나무에 꽃이 만발했다", 이어서 "홍문관 앞 뜰 배나무에 꽃이 피었다"라는 등의 기록이 있다. 물론 임진왜란 이전이니 창덕궁이 아닌 경복궁으로 짐작되지만 어쨌든 궁궐에 배나무가 많았다는 증거다.

선조들이 과일로서 즐겨 드시던 배는 오늘날 우리가 먹는 참배와는 다른 돌배다. 대한제국 때인 1906년 지금의 뚝섬에 원예모범장園藝模範場을 설치하여 외국으로부터 개량종 참배를 들여오면서 돌배는 차츰 퇴출되기 시작했다. 돌배는 참배보다 훨씬 작고 단맛도 덜하지만 은은하고 깊은 맛이 있다.

오늘날 승화루 뒤에 자라는 문화각 터 돌배나무

창덕궁의 고목나무

〈동궐도〉에서 보면 문화각 경내의 아래쪽 독특한 모습의 해당정
海棠挺과 도서루 사이에는 식수단이 있는데, 가지가 부채꼴로 퍼진 자그마
한 나무 1그루가 심겨 있다. 좌우에는 "선송장춘仙松長春"이란 글씨가 적혀
있다. 이는 《율곡전서》에서 "좌액경선송백자左掖瓊仙松柏姿"라 하였듯 아
름다운 송백을 지칭하는 말이기도 하나 여기서는 그냥 소나무를 두고 붙
인 이름은 아니다. 〈동궐도〉를 좀 더 확대하여 자세히 봐도 소나무와는 다
르다. 소나무와 바늘잎 묘사가 다르고 둥그스름한 나무 모습이나 특별히
식수단을 만들어둔 점 등으로 보아 궁궐에서도 귀한 조경수인 주목으로
생각된다.

후원 입구 대종헌 터 느티나무

성정각 뒤쪽 높은 곳에 지금 "집희緝熙"라는 현판을 달고 있는 일자형 7칸
짜리 전각이 있다. 원래 이름이 관물헌이나, 〈동궐도〉에서는 '유여청헌有餘
淸軒'이다. 관물헌은 이렇게 이름이 셋 있는 셈이다. 관물헌의 북쪽은 현재
사방이 담장으로 막힌 빈터이지만, 〈동궐도〉에 보면 관물헌에 잇대어 남
북으로 긴 행랑이 있고 동서로 작은 건물이 3채가 붙어 있어서 일정 규모
를 갖춘 전각이다. 창사루蒼筤樓라는 초가와 작은 모정茅亭까지 있다. 죽향
소축竹鄕小築이라 이름 써진 대종헌은 효명세자가 대리청정을 할 즈음에
지은 것으로 추정되며 세자가 틈틈이 편안하게 쉴 수 있는 공간이었다고
한다. 〈동궐도〉를 자세히 보면 곳곳에 크고 작은 판장을 설치하여 외부에
서의 노출을 최소로 줄인 조용한 공간을 일부러 만들었던 것 같다.

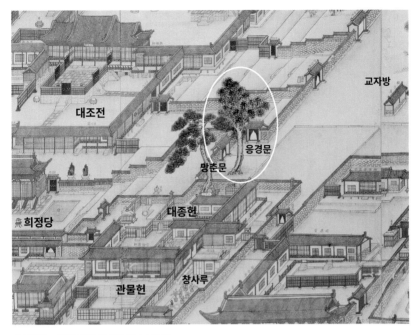

교자방

대조전

응경문

망춘문

희정당

대종헌

관물헌

창사루

〈동궐도〉 – 후원 입구 대종헌 터 느티나무

  〈동궐도〉에서 대종헌으로 추정되는 전각들의 북쪽 담장 안팎에는
고목 티가 그대로 묻어 있는 큰 나무 2그루가 그려져 있다. 담장 안의 멋스
런 나무는 소나무이나 지금은 없어져 버렸다. 담장 밖의 망춘문望春門과
응경문凝慶門 바로 앞에는 〈동궐도〉의 수많은 나무 중 가장 눈에 잘 띄게
그려진 나무 1그루가 웅장한 자태를 뽐낸다. 지금도 품위를 잃지 않고 살
아 있는 느티나무다. 나이는 500여 살, 대체로 중종 때쯤부터 자리를 잡았
다. 임진왜란으로 궁궐이 불에 휩싸였을 때도 불사조처럼 살아남은 강인
한 나무다. 〈동궐도〉에는 줄기가 약간 구부러지고 울퉁불퉁하게 그려져
있다. 그러나 오늘날은 구부려졌던 줄기도 곧게 펴져서 싱싱하고 건강하

창덕궁의 고목나무

후원 입구 대종헌 터 느티나무. 오늘날은 망춘문 앞에 있지 않고 대종헌 터 담장 안에 있다.

게 자라고 있다. 느티나무가 자라는 망춘문 밖은 응봉으로 이어지는 여러 능선 중의 하나다. 능선의 시작점에 해당하며 앞에 종묘를 두고 서울 시내를 조감할 수 있는 곳이다. 아울러서 망춘문을 통하여 희정당으로 내려갈 수 있고, 바로 옆의 응경문으로 대조전까지 통하는 중요한 위치다. 일대를 왕래하던 사람들은 이 느티나무 밑에서 잠시 멈추고 한숨을 돌렸을 것 같다. 시골 마을 입구의 당산나무처럼 궁궐 사람들의 쉼터 구실을 했을 것이다. 임금이나 세자라면 가마를 타고 다음 행선지로 갈 수도 있다. 바로 옆의 교자방轎子房이라는, 가마를 넣어두는 작은 건물이 보여서 더욱 상상의 나래를 펴게 한다. 망춘문은 그대로 있으나 주변이 변하면서 지금의 느티나무는 〈동궐도〉와는 달리 대종헌 터를 둘러쌓은 담장 안에 갇혀 있다. 주변에 젊은 말채나무 2그루와 어린 느티나무 1그루를 거느리고 작은 숲을 이룬다.

05 부용지·영화당 일원

돈화문에서 성정각 옆 중희당 터까지는 입장료만 내면 자유롭게 다닐 수 있는 구역이다. 하지만 후원은 입장료를 따로 내야 하며 관람 통제도 심하다. 관람 시기와 날씨에 따라 관람 범위와 경로가 달라지기도 한다. 후원 입장권을 내고 들어서면 널찍한 길의 좌우는 높은 담장이다. 오른편 담장 너머는 창경궁이다. 〈동궐도〉에 이 길은 있지도 않다. 일제강점기에 조선의 마지막 임금 순종이 후원까지 자동차로 들어갈 수 있게 길을 만들었다고 한다. 높다란 나무들이 길 쪽으로 가지를 펼치고 있다. 몇몇 종류의 나무가 섞여 있으나 특히 눈여겨볼 나무가 회흑색의 매끈한 껍질이 특징인 쉬나무다. 빈청 뒷산에도 쉬나무가 있으나 통제구역이라 가까이 갈 수 없지만, 이곳에선 열매와 잎도 볼 수 있다. 더 들어가면 단풍나무가 서로 맞닿아 터널을 만든다. 대체로 11월 중순경 이곳 단풍은 절정을 맞는다. 단풍터널을 걸어보고 싶을 때 여기를 찾으면 된다.

언덕길을 넘어서면 갑자기 더 널찍한 공간에 연못과 몇몇 건물이 나타난다. 부용지라 부르는 사각 연못을 중심으로 남쪽에 부용정, 북으로 2층 건물인 주합루, 동으로 영화당 등이 자연과 조화롭게 배치되어 궁궐에서 가장 아름다운 풍광을 연출한다. 부용지는 세조 때 처음 만들었으나

하늘에서 내려다 본 부용지 일대. 중앙의 부용지를 중심으로 오른쪽에 주합루, 아래쪽에 영화당이 보인다.

제대로 모습을 갖춘 것은 숙종 때이며, 다시 정조가 이 일대를 대대적으로 정비하고 부용정을 새로 지었다. 이후 임금이 연회를 베풀기도 하고, 또 휴식하는 공간으로 자리매김하게 된다. 부용정은 돌기둥 둘을 부용지 물 속에 박아 연못으로 건물이 반쯤 들어와 있으며 창문은 들어 올릴 수 있는 분합문을 달았다. 여기서 바라보면 부용지 가운데 멋스러운 소나무 1그루 가 자라는 자그마한 섬과 건너편 언덕에 높다랗게 자리 잡은 주합루를 비롯해서 주변의 경치를 감상할 수 있다. 정조는 임금이 되자마자 바로 주합 루 건물을 지어 아래층은 각종 서적을 보관하고 위층은 자신의 어진을 봉 안하는 장소로 썼다고 한다. 주합루와 부용지 사이는 약간 급경사지라 계 단으로 처리하고 출입문인 어수문 좌우에는 취병을 길게 설치하여 한층

창덕궁의 고목나무

〈동궐도〉 – 부용지·영화당 일원과 관덕정 주변의 나무들

권위 있고 경건하게 보이게 했다. 〈동궐도〉에서 이 일대의 특징이라면 주합루로 올라가는 계단을 아무것도 심지 않은 빈 공간으로 둔 점이다. 〈동궐도〉보다 50여 년 앞선 김홍도의 〈규장각도〉에도 주합루 앞 계단에 꽃나무는 보이지 않는다. 초화류를 심었거나 일부러 계단 주변은 빈 공간으로 처리한 것이 아닌가 싶다.

후원 부용지 옆에 높은 기단을 쌓고 동향으로 지은 전각이 영화당이다. 임진왜란 이후 궁궐을 재건할 때 함께 지어진 것으로 보이며 숙종

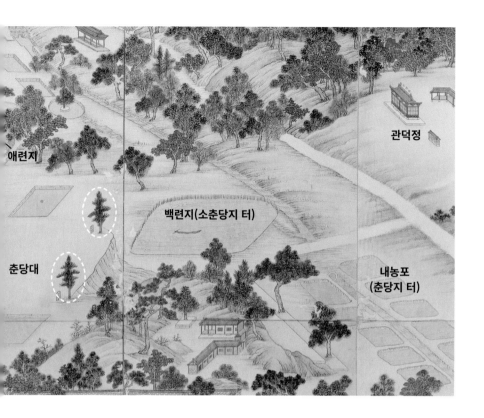

18년(1692) 고쳐지었다고 한다. 영화당이란 현판 글씨도 영조가 직접 쓴 글씨로 알려져 있다. 〈동궐도〉에서 보면 영화당 앞에 펼쳐진 넓은 마당이 춘당대다. 동쪽으로 네모 모양의 연못은 지금의 창경궁 소춘당지다. 관람지에서 흘러내리는 개울이 그려져 있고 동쪽 언덕 위에 있는 건물이 관덕정이다. 영화당에서 관덕정 사이에는 건물이 없고 가장자리에 큰 나무들이 있을 뿐이라 춘당대와 이어진 광장이다. 더욱이 지금의 창경궁 소춘당지 아래쪽의 내농포內農圃도 농사철이 아니면 사람이 들락거릴 수 있으니

　　　　　　　　　　　　　　　　　　　　　　창덕궁의 고목나무

모두 합치면 궁궐에서 가장 넓은 공간이었다. 춘당대는 궁궐 안에서 많은 사람이 모여야 하는 여러 행사의 마당으로 가장 많이 쓰였던 공간이다. 임금이 직접 주관하여 과거를 보거나 활쏘기, 잔치 등 행사를 열기도 했다.

숲이 되어버린 부용지 진달래밭

다산 정약용은 정조 19년(1795) 3월 임금의 부름을 받아 연회에 참석한 소감을 피력한 〈부용정 시연기侍宴記〉에서 이렇게 적고 있다. "온갖 꽃이 활짝 피어 있었고 봄빛이 매우 화창했다. … 부용정에 배를 띄우고 배 안에서 시를 지었는데 정해진 시간 안에 시를 지어 올리지 못하는 자가 있으면 연못 가운데 있는 조그마한 섬에 안치安置시키기도 했다. 몇 사람이 과연 섬 가운데로 귀양을 갔는데 곧 풀어주셨다"라고 했다. 화사한 주변의 풍광에 취한 임금이 신하들과 귀양 보내기 장난을 하는 정경이 평화롭고 따뜻함을 느끼게 한다. 여기서 온갖 꽃이 활짝 피었다 함은 어디를 두고 하는 이야기인가? 약 30여 년 뒤의 그림인 〈동궐도〉에서 실마리를 찾을 수 있다. 음력 3월경 후원에서 활짝 필 수 있는 꽃은 그리 많지 않다. 꽃나무 중에서는 진달래, 생강나무, 목련, 개나리, 매화나무, 복사나무 정도다.

〈동궐도〉에는 부용지 서쪽 사정기비각四井記碑閣의 주변과 남쪽 부용정 옆에 여러 그루의 꽃나무가 그려져 있다. 지금은 흔적을 찾기도 어렵다. 비각 바로 옆에는 제법 큰 앵두나무 1그루와 몇 그루의 산철쭉을 심어 두었을 뿐이다. 분홍 꽃나무의 크기나 형태로 봐서 진달래, 영산홍, 철쭉 중의 하나로 짐작할 수 있다. 그러나 영산홍은 붉은색이 진하며 철쭉은 꽃

〈동궐도〉- 진달래로 추정되는 꽃들이 사정기비각 주변에 피어 있다.

오늘날의 부용지 사정기비각 일대. 화단에 앵두나무와 산철쭉 몇 그루만 있을 뿐, 온갖 꽃이 활짝
피었을 옛 모습은 찾아보기 어렵다.

창덕궁의 고목나무

과 함께 잎이 피므로 이곳 꽃나무는 대부분 진달래였을 가능성이 높다. 원래 진달래는 후원 일대와 같이 화강암이 풍화된 사질양토를 좋아한다. 또 잔뿌리가 많으며 땅속 깊이 뿌리가 뻗어 들어가지 않는 특성이 있다. 따라서 양지바른 곳이라면 땅이 깊지 않아도 잘 자랄 수 있으나, 수분 공급이 어느 정도 이루어지고 여름에 지표면 온도가 너무 높지 않아야 한다. 그래서 산 능선이나 동남쪽보다 산의 북쪽이나 서쪽 비탈과 같은 곳에 큰 무리를 이루는 경우가 많다. 〈동궐도〉의 부용지의 꽃밭은 이런 조건에 딱 맞는 곳이다. 음력 3월 3일 삼짇날은 제비가 돌아오는 날이라 하여 봄을 맞는 마음으로 꽃전을 부쳐 먹는 풍속이 있다. 조선시대에도 삼짇날 후원에서 왕비가 궁녀들과 함께 진달래꽃 꽃전을 부쳐 먹었었다고 한다. 궁궐에도 진달래밭이 필요했을 터다. 물론 지금은 숲이 되어버렸다.

주합루 취병은 무슨 나무였나?

지금은 거의 사어死語가 되었지만 '내외하다'라는 말이 있다. 친척 이외의 남녀는 서로 얼굴을 마주하지 않기 위하여 만남을 피하던 것을 일컫는다. 그래서 옛 사대부의 집은 안채와 사랑채가 별도의 공간으로 구분되어 있으며, 그 사이에는 사랑에 온 손님이 주로 안채에 거주하는 여인들을 볼 수 없게 시선을 막아주는 간단한 시설이 흔히 있었다. 바로 판장과 취병이다.

임금님의 궁궐에도 왕대비나 왕비가 사는 곳, 임금이나 세자가 머무는 사적인 공간에는 판장과 취병이 있었다. 판장은 나무판자로 만든 가림막으로 전각 주변에 설치하는 고정식과 간단히 문 앞과 같은 곳에 두고

〈사계풍속도병〉(김홍도, 19세기, 프랑스 국립기메동양박물관 소장) '후원유연' 부분

필요에 따라 옮기는 이동식이 있었다. 초록과 붉은색으로 채색했으며 〈동궐도〉에는 앞서 살핀 홍서각 터 꽃밭을 비롯해 20여 곳에 판장이 있다.

취병은 '푸른 병풍'이란 뜻이며 병풍처럼 길게 나무를 심어 만든 산울타리 모양의 가림 시설이다. 오늘날의 산울타리와 목적도 생김새도 비슷하다. 김홍도의 8폭 〈사계풍속도병四季風俗圖屏〉(프랑스 기메동양박물관 소장)의 제4폭 '후원유연後園遊宴'은 힘깨나 쓰는 권세가의 후원에서 벌어지는 잔치를 묘사한 그림인데, 옛 취병이 상세히 그려져 있다. 연회장과 아래쪽 음식을 나르는 여인들 사이에 취병이 있다. 그림을 자세히 보면 대나무를 거푸집처럼 엮고 가운데에 줄사철나무를 심었음을 알 수 있다. 또 《일성록》의 기록에는 정조 10년(1786) 총융사 이방일이 호화주택을 짓다

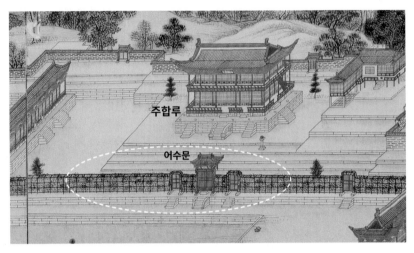

〈동궐도〉 – 주합루 계단 아래 어수문 좌우로 길게 늘어선 취병

가 탄핵당하는 내용 중에 취병장翠屛匠이 언급된다. 취병장이란 취병을 만드는 장인으로 당시에 취병에 대한 수요가 꽤 있었다고 한다.

〈동궐도〉에서는 창덕궁 중희당, 후원 주합루, 창경궁 시민당 터 등 17곳에서 취병을 찾을 수 있다. 그러나 취병은 지속적으로 관리를 해주지 않으면 없어지기 쉽다. 궁궐의 취병들은 조선 말기와 일제강점기를 거치면서 모두 사라져버렸고 지금은 후원 주합루의 취병만 복원되어 있다. 현재는 대나무 거푸집을 만들고 가운데 이대(전죽)를 심었다. 그러나 이대는 취병의 나무로 적합하지 않다. 땅속줄기로 번식하는 대나무 종류의 특성상 원치 않게 주위까지 침범하여 관리하기 어렵게 한다. 이대는 원래 남부 지방에 자라 겨울에 동해 가능성도 높다. 〈동궐도〉에도 취병에 대나무를 그리는 점법을 사용하지 않았던 것으로 보아 이대를 심었을 가능성은 낮다.

취병은 도랑을 파고 거름을 넣어 취병 나무를 심은 다음 위에다 대

이대를 심은 오늘날의 주합루 취병

나무 살로 사람 키보다 조금 높게 거푸집을 얼기설기 짜서 만들었다. 나무
가 자라면서 바람에 넘어지지 않고 촘촘히 자라 가림막의 기능을 하도록
하기 위함이다. 대나무 이외에 고리버들을 엮어서 만들기도 했다. 취병에
주로 심은 나무는 무엇이었을까? 항상 가림막의 역할을 해야 하는 취병의
기능으로 볼 때 잎이 지는 나무는 겨울날에 안이 훤히 보이게 되므로 적당
하지 않다. 《임원경제지》와 《증보산림경제》 등의 옛 문헌에는 소나무, 주

취병의 나무로 적합했을 사철나무, 줄사철나무

목, 측백나무, 향나무 등의 바늘잎나무만 기록되어 있다.

그렇다면 〈동궐도〉 제작 당시에는 무슨 나무로 취병을 만들었을까. 〈동궐도〉를 확대해 보면 취병은 가는 붓을 살짝 눌러 후추알같이 작고 둥그스름한 묵점을 조밀하게 찍는 호초점 방식으로 그렸다. 〈동궐도〉의 취병은 격자로 틀을 만들어 몇 겹으로 나무를 심었는데 여기에 적합한 나무는 사철나무다. 우선 늘푸른 넓은잎나무로 겨울에도 잎을 달고 있으며 아래까지 가지와 잎을 잘 뻗어 사시사철 충분히 차폐 기능을 할 수 있다. 또 가지가 다른 나무에 비하여 유연한 것도 큰 장점이다. 격자형 취병의 안에서 가지를 이리저리 휘어 쉽게 비끄러맬 수 있다. 취병 안에 부분적으로 차폐가 잘 안 되는 빈 공간이 생겨도 가지를 휘어 막아버리면 된다. 또 긴 취병에는 흔히 위쪽이 아치형인 출입문을 설치하는데, 사철나무는 이런 공간에 올리기도 간단하다. 사철나무의 종류 중에 줄사철나무가 더 좋다. 원래 사철나무보다 조금 따뜻한 지방에 자라는 것으로 알려져 있으나 취병은 대체로 양지바른 건물 앞에 설치하므로 궁궐에 심어도 동해를 입을

1885년의 주합루. 취병 자리에 대부분 바늘잎나무가 심겨 있다. (미국 의회도서관 소장 조지 C. 포크 컬렉션)

만큼 문제가 되지는 않는다. 줄사철나무는 이름 그대로 넝쿨로 자라며 공기뿌리를 내어 다른 물체를 타고 올라가는 특성이 있으므로 취병의 나무로는 더더욱 제격이다. 생태적인 특성으로 보나 〈동궐도〉의 묘사로 보나 궁궐의 취병에는 사철나무와 줄사철나무가 주로 쓰인 것으로 짐작된다. 둘 다 거의 땅을 가리지 않고 건조에도 비교적 강하여 관리가 쉽다.

그러나 〈동궐도〉 제작 후 60년쯤 지난 1885년의 사진에는 애초의 취병이 거의 없어져 버렸다. 취병 자리의 격자 틀은 아예 보이지 않고 서향각 쪽으로 전나무와 향나무로 추정되는 키가 큰 나무가 눈에 띈다. 그 외는 나지막한 주목, 소나무 등으로 짐작되는 바늘잎나무가 심겨 있다. 키가 거의 일정한 것으로 봐서는 전정하여 가꾼 것으로 생각한다. 1950년대 사진에도 취병은 보이지 않으며 지금의 취병은 2008년에 복원한 것이다.

그림으로만 남은 영화당 앞 전나무

〈동궐도〉에서 영화당 앞마당의 동쪽 끝은 높지는 않으나 벼랑이다. 벼랑 끝에는 대칭으로 심은 전나무 2그루가 보인다. 오늘날 창덕궁과 창경궁을 나누는 담장이 있는 위치다. 전나무 아래에 지주대가 설치되어 있는데, 행사가 있을 때 깃발을 세우는 데 쓰였다고 한다.

전나무는 숲속에서는 무리를 이루어 하늘을 찌를 것 같은 수해樹海를 만들어주고, 나무 자체는 곧고 높이 자란다. 〈동궐도〉에서도 이곳 전나무는 높이 자란 나무임을 알 수 있고, 〈동궐도〉보다 50여 년 앞선 김홍도의 〈규장각도〉에서도 같은 모습으로 찾을 수 있다. 옛날 영화당 앞의 다른 이름은 춘당대다. 이곳에 사람들이 들어올 때는 창경궁과 문묘 사이의 언덕바지에 있던 집춘문을 이용했다고 한다. 문을 들어서서 춘당대 쪽을 바라보면 사람들의 눈에 잘 띄는 위치가 바로 전나무가 그려진 일대다. 그러나 오늘날에는 전나무들이 흔적도 없이 사라졌고, 엉뚱하게 그 자리에 소나무 20여 그루가 심겨져 작은 숲을 이룬다. 광장의 의미를 찾기 어렵게 되었다.

그 외 주합루 어수문 좌우로 길게 늘어선 취병 앞에도 대칭으로 심은 전나무를 만날 수 있다. 〈동궐도〉에 취병 높이보다 살짝 높게 그려져 있어서 심은 지가 오래지 않았음을 알 수 있다(160쪽). 〈규장각도〉에는 이 전나무가 보이지 않으므로 〈규장각도〉의 제작시기인 1776년부터 〈동궐도〉가 그려진 1830년경 사이에 심은 것으로 짐작된다. 동쪽 전나무는 1950년 초의 사진에 제법 큰 나무가 되어 자라고 있었음이 확인되나 지금은 역시 없어져 버렸다. 〈동궐도〉보다 100여 년 전에 그린《무신친정계첩

〈동궐도〉(①영화당 느티나무 중 1그루　②그림으로만 남은 영화당 앞 전나무)

〈규장각도〉(김홍도, 1776년, 국립중앙박물관 소장) 부분. 영화당 앞 전나무들이 보인다.

　　　　　　　　　　　　　　　　창덕궁의 고목나무

1950년 초 주합루. 어수문 동쪽에 큰 전나무가 있었다. (국가기록원)

《무신친정계첩》(1728년, 국립중앙박물관 소장) 부분. 어수당 아래 전나무들이 있었다.

戊申親政契帖》에 보면 〈동궐도〉(154쪽)와는 달리 어수당 앞 소나무 숲 사이에 몇 그루의 전나무가 보인다.

영화당 느티나무

〈동궐도〉에서 영화당 옆, 담장으로 둘러싸인 부용지로 통하는 의춘문宜春門 앞에는 석축이 쌓인 수로가 있고 끝에는 작은 연못인 당塘이 있다(165쪽). 수로가 당으로 들어가는 ㄱ자 부위에는 곧고 튼튼한 줄기에 둥그스름하게 가지가 잘 뻗은 나무 1그루가 보인다. 잎과 전체적인 모양새가 느티나무임에 틀림없다. 지금도 이 나무는 살아 있다. 나이는 약 300살, 숙종이 영화당을 고쳐 지을 때 심지 않았나 싶다. 과거도 보고 각종 행사가 임금의 참석하에 이루어지는 일이 많은 곳이니 쉼터로 적합한 느티나무가 꼭 있어야 할 위치다.

지금의 느티나무는 〈동궐도〉에서처럼 당당하고 건강한 모습이 아니다. 줄기는 둘로 크게 갈라졌다. 창덕궁의 여러 느티나무 고목으로서는 나이가 그렇게 많은 것도 아닌데 건강상태가 별로 좋지 않다. 영화당 바로 옆에는 또 다른 느티나무 고목 1그루가 자라고 있다. 나이는 260살 정도다. 정조 때부터 살아 있었으며 〈동궐도〉를 그릴 당시에도 나이가 60여 살이나 되었으니 제법 큰 나무였다. 그러나 〈동궐도〉에서 이 느티나무는 찾을 수 없다. 만약에 느티나무를 그려 넣으면 중요 건물인 영화당이 반 이상 가려지게 된다. 이럴 경우 화가의 판단에 따라 생략하는 경우가 흔하며 이 느티나무도 그래서 빠진 것 같다. 〈규장각도〉에는 지금의 느티나무 옆

영화당 느티나무 고목 2그루. 오른쪽 건물이 영화당이다.

〈규장각도〉(김홍도, 1776년, 국립중앙　　《준천당랑시사연구첩》(조선, 고려대학교박물관 소장)
박물관 소장) 소나무·느티나무 부분　　　소나무·느티나무 부분

에 큰 소나무가 그려져 있다. 영조 36년(1760) 청계천 준설을 마치고 축하
행사를 하는《준천당랑시사연구첩濬川堂郞試射聯句帖》그림에도 느티나무
와 함께 이 소나무가 크게 그려져 있다. 소나무는 1800년대 전후에 없어
져 버린 것으로 추정된다.

영화당 앞산의 주목

영화당의 앞뜰 춘당대의 남쪽은 제법 경사가 있는 북향 언덕이다. 햇빛이
잘 들지 않지만 이런 곳에는 땅이 깊고 수분이 많아 나무가 살아가기 좋
다. 숲속으로 잠깐 올라가면 두 아름이 넘는 주목 1그루가 먼저 눈에 들어
온다. 북쪽으로 영화당을 내려다보고, 동쪽으로 이어서는 굵기가 조금 가
는 다른 주목 몇 그루의 호위를 받고 자란다. 서쪽으로도 몇 그루의 주목
이 더 있어서 10여 그루가 대장 주목을 한 줄로 옹위하듯 지키고 서 있다.

영화당 앞산의 주목

이 대장 주목은 키 12m, 줄기 둘레 3.2m이고, 나이는 260여 살으로 추정된다. 대체로 1760년 전후, 영조 치세의 중반쯤부터 터를 잡은 셈이다. 줄기 윗부분이 셋으로 갈라지고 일부는 말라죽기도 했지만 창덕궁과 역사를 함께한 고목나무로 줄기가 곧고 힘차게 뻗어 있어 기품과 품위를 자랑한다. 〈동궐도〉에는 이 나무가 그려져 있지 않다. 당시에는 그렇게 큰 나무도 아니었고 숲속에 있어서 크게 의미를 부여할 이유도 없었으므로 화가들의 눈에 띄지도 않았을 것이다.

　　주목朱木은 이름 그대로 껍질도 붉고 속살도 붉다. 오늘날 기품 있는 정원이라면 단정한 모습의 주목을 어렵지 않게 만날 수 있지만, 옛날에는 우리 주변에 흔한 나무는 아니었다. 주목이 원래 자라는 곳은 높은 산꼭대기이기 때문이다. 주목의 붉은 줄기에서 추출한 액은 궁녀들의 옷감은 물론 임금의 곤룡포를 염색할 때도 썼다. 또 주목을 한 뼘 정도로 얇게 다듬어 관리들이 임금을 알현할 때 손에 드는 홀을 만들기도 했다. 옛사람들에게 붉은 주목은 잡귀신을 물리치는 데 쓰이는 벽사辟邪나무였다. 궁궐 여러 곳에 주목이 자란다. 이곳 영화당 남쪽 언덕을 비롯하여 주합루, 의두합, 연경당, 관람지 주변, 옥류천 등 후원에서만도 여러 그루의 주목 고목을 만날 수 있다.

06 관람지 일원

창덕궁 후원에서 자연과의 어울림이 가장 아름답다는 부용지를 거쳐 불
로문·애련지 앞을 지나면 관람지라는 연못이 나온다. 연못의 모양이 한반
도를 닮아서 한때 반도지半島池라고도 했다. 그러나 마치 한반도를 뒤집어
놓은 형상이므로, 지금은 연못에 걸쳐 지은 관람정에서 이름을 따다 관람
지라고 부른다. 관람지든 반도지든 적절한 이름이 아니므로 곡지曲池라고
불러야 한다는 주장도 있다.

　〈동궐도〉에는 방형 연못 둘과, 가운데 섬에 잘 가꿔진 주목 1그루를
둔 원형의 연못 하나가 이어져 동서로 길게 되어 있다. 오늘의 모양과는
완전히 다르다. 세 연못이 합쳐진 시기에 관하여 홍순민 명지대 교수는
1902년 고종 망육순 행사를 위해 이 일대를 꾸미면서 지금의 형태로 변한
것으로 추정된다고 했다. 연못 주위는 지대가 낮고 습기가 많으므로 나무
들이 무성하기 마련이다.

　오늘날에는 관람지 아래의 뽕나무를 비롯하여 관람지 허리인 옛
심추정深秋亭 자리의 밤나무 등 고목나무가 남아 있다. 그 외에도 갈참나
무, 음나무 등의 고목나무를 주변 숲에서 만날 수 있다. 〈동궐도〉에도 관람
지 주변에는 큰 고목나무들이 여러 그루 그려져 있다.

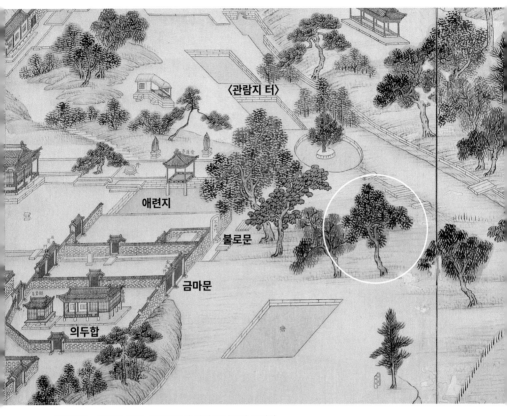

〈동궐도〉 – 관람지 일원. 친잠례의 흔적인 뽕나무가 보인다.

친잠례의 흔적 뽕나무

영화당 느티나무를 둘러보고 나면 곧은길을 따라 곧장 안으로 들어가게
된다. 의두합과 연경당으로 올라가는 금마문, 불로문, 애련지 앞을 지나면
담장과 거의 잇대어 창경궁 쪽에는 깔끔한 기와지붕이 주변 나무들과 잘
어울리는 전각(?)이 하나 나타난다. 이 건물의 창덕궁 쪽 담장 밑에는 아름

창덕궁의 고목나무

드리 뽕나무 고목 1그루가 천연기념물이라는 간판을 달고 서 있다. 뽕나무 앞에 멈추면서 나는 답사객들에게 어김없이 한 가지 질문을 한다. "이 기와지붕 건물의 이름을 아십니까?" 사실 궁궐의 크고 작은 건물은 빠짐없이 근사한 이름을 달고 있다. 따로 궁궐을 공부하지 않은 분들은 돈화문, 금천교, 인정전, 선정전, 대조전, 희정당, 성정각, 낙선재 정도를 알면 많이 아는 셈이다. 그러나 궁궐해설사를 따라 설명을 들어보면 생소한 건물 이름에 조금씩 머리가 어지러워진다. 미처 입력도 못했는데, 불쑥 건물 이름을 물어보면 누구나 겸연쩍고 당황스럽다. 대부분의 답사객들이 머뭇거릴 때 나는 호기롭게 이름을 알려준다. "창경궁 화장실입니다." 창덕궁 답사에서 필자가 하는 '넌센스 퀴즈'다.

이 뽕나무 고목은 줄기 둘레 한 아름 반, 키 12m이며 나이는 약 400살로 알려져 있다. 나이로나 위치로나 당연히 〈동궐도〉에 있어야 한다. 이 일대를 그림에서 찾아보면 불로문 바로 앞에 5그루의 제법 큰 나무가 일렬로 그려져 있다(173쪽). 세월이 흐르면서 거의 없어지고 네 번째 나무만 살아남아 오늘의 뽕나무 고목이 되었다고 짐작한다. 〈동궐도〉에서는 불로문 앞에 거의 붙어서 그려진 반면, 오늘날 실제의 뽕나무는 불로문에서 북쪽으로 약 70m쯤 떨어져 자라고 있다. 당시의 실제 거리를 알아보기 위하여 5칸 영화당 건물과 같은 비율로 계산하여 〈동궐도〉에서 불로문과 뽕나무의 거리를 측정하면 20m 남짓이다. 실제보다 적어도 1/3 이상을 압축하여 그린 것으로 짐작한다. 아울러서 오늘날은 뽕나무가 불로문 기준으로 볼 때 북쪽에 자라고 있으나, 〈동궐도〉에서는 불로문 동쪽에 있는 것으로 그렸다. 그대로 그리면 둥근 연못과 아래의 수로가 모두 나무에 가려져야 하므로 이를 피한 것이 아닌가 싶다.

친잠례 흔적으로 보이는 아름드리 뽕나무 고목. 천연기념물 제471호이다.

창덕궁의 고목나무

이 뽕나무 고목은 백성들에게 누에를 치고 비단을 짜는 시범을 보이던 궁궐의 친잠례 흔적이다. 세종 5년(1423)의 기록에 따르면 창덕궁에 1천여 그루의 뽕나무가 있었다고 하니 궁궐 안에 뽕나무를 많이 심고 가꾸었음을 알 수 있다. 그 많은 뽕나무들은 거의 없어지고 지금은 이 뽕나무를 비롯하여 선원전 서쪽, 신선원전으로 올라가는 길의 금천 옆 등 몇 그루만 남아 친잠례의 흔적을 짐작할 뿐이다. 친잠례는 왕비가 직접 참여하는 의식인데 후원에다 채상단採桑壇이란 별도의 시설을 마련하여 진행하기도 했다. 《궁궐지》에는 지금의 창경궁 관덕정 남쪽에 예부터 잠단蠶壇이 있었다고 한다. 성종 8년(1477)에 처음으로 채상단을 설치하고 친잠례를 행했다. 채상단 규모는 둘레가 2장丈 3척, 키 2척 7촌이었다. 관람지 뽕나무 고목에서 관덕정 남쪽까지는 직선거리로 100m 남짓이다. 땅이 깊고 수분이 풍부하며 양지바른 곳이라 뽕나무가 잘 자랄 수 있는 조건을 갖추고 있다. 영조 43년(1767)에는 경복궁에다 채상단을 설치하고 친잠례의 절차와 내용을 기록한 《친잠의궤親蠶儀軌》를 펴내기도 했다. 여기서 가까운 주합루 옆 서향각에는 일제강점기인 1911년 누에를 치는 양잠소로 꾸미고 "친잠권민親蠶勸民"이란 편액을 걸어두었다. 순종의 비인 순정효황후가 1924년까지 이곳에서 친잠례를 행했다고 한다.

예부터 농업과 함께 농상農桑이라 하여 누에치기를 나라의 근본으로 삼았다. 우리나라에 양잠이 시작된 것은 삼한시대 이전으로 짐작되며 기록에도 고구려 동명왕과 백제 온조왕 및 신라 박혁거세 때도 농사와 함께 누에치기의 귀중함을 강조했다. 이후 통일신라를 거쳐 고려에 이르기까지 누에치기는 나라의 중요한 산업으로 인식되었다. 조선시대에 들어오면서는 비단 생산을 더욱 늘려야 했다. 신흥 귀족들의 품위를 높이기 위

주합루 옆 서향각 편액 아래에 걸린 '친잠권민' 편액

한 비단의 수요도 만만치 않아서였다. 태종 때는 집집마다 뽕나무를 몇 그루씩 나누어주고 심기를 거의 강제하다시피 했다.

관람지 언덕의 밤나무

뽕나무 고목을 지나면 바로 관람지다. 큰 밤나무 고목이 3그루 있다. 마치 섬처럼 생긴 연못 남쪽 언덕의 가장자리에 자라는 1그루는 줄기 둘레가 두 아름에 키 6m 정도다. 나이는 측정 자료에 따라 다르나 필자는 적어도 250살 이상은 되지 않았나 싶다. 이 밤나무와 조금 떨어져서는 거의 같은 굵기의 밤나무 2그루가 더 있다. 입구 쪽의 1그루는 곧은 줄기에 모양새도

관람지 밤나무 3그루 중 남쪽 언덕 가장자리 밤나무

좋으나, 안쪽의 나머지 1그루는 줄기 윗부분이 부러져 버리고 가지 하나가 살아서 겨우 생명을 부지하고 있다. 둘 다 나이는 150여 살이라고 알려져 있으니 〈동궐도〉 당시에는 없었던 나무다.

　　이 일대에는 예부터 밤나무가 많았다. 혜경궁 홍씨의 《한중록》에는 해마다 정월대보름이면 이곳 동산의 밤을 따두었다가 각 궁전에 드리고 왕실 가족에게도 나누었다고 한다. 또 순종 때는 가을에 습율회拾栗會라 하여 밤 줍기 행사도 열었다. 밤 열매 외에도 밤나무는 목재가 단단하고 잘 썩지 않으며 무늬가 아름다워 가구에서 건물의 기둥까지 두루 쓰인다. 경기민속자료 8호인 일산 밤가시초가는 기둥에서 대들보까지 모두 밤나무로 지은 집이다. 그러나 밤나무 목재의 또 다른 귀중한 쓰임은 제사용품이었다. 나라의 제사 관련 업무를 관장하던 봉상시奉常寺에서는 신주神主와 신주 궤匱를 반드시 밤나무로 만들었고, 민간에서도 위패位牌와 제상祭床 등 제사용품의 재료는 대부분 밤나무였다. 왕실에서는 밤나무의 수요가 많아지자 특별히 율목봉산栗木封山을 두어 밤나무를 심고 가꾸고 함부로 잡인이 출입하지 못하도록 통제하기도 했다. 밤나무는 목재가 이렇게 제사용품으로 쓰일 뿐만 아니라 열매인 밤이 제사에 올리는 과일로도 빠지지 않는다. 이런 이유가 있다고 한다. 험상궂은 가시투성이 밤송이 안에는 밤알이 흔히 3개씩 들어 있다. 후손이 고위 관리인 영의정, 좌의정, 우의정의 삼정승이 되라는 염원이 담겼다. 또 밤은 심으면 싹이 터 자랄 때 밤알은 땅에 두고 싹만 올라오는데, 타닌 성분이 많아 오랫동안 썩지도 않는다. 이는 낳아준 부모의 은혜를 잊지 않는 상징성이 있다고 한다.

07 존덕정·청심정 일원

인조 22년(1644) 존덕정을 처음 지은 후 이 일대에는 여러 건물들이 들어선다. 〈동궐도〉와 비교하면 존덕정 서쪽의 펌우사와 북쪽의 청심정은 지금도 남아 있지만, 남쪽의 심추정, 동북쪽의 천향각天香閣, 동남쪽의 척뇌당滌惱堂, 서북쪽의 태청문太淸門 등은 모두 없어졌다. 관람지 북쪽 끝에서 시작하여 펌우사, 태청문, 존덕정으로 둘러싸인 공간은 〈동궐도〉에도 오늘날과 마찬가지로 빈터로 처리되어 있다. 그런데 정조는 이 일대를 자주 찾아 펌우사에서 책도 읽고 시도 썼다. 정조의 시 〈펌우사 사영四詠〉에는 "금원 깊은 곳엔 온갖 꽃이 많기도 해라 / 성긴 매화 외로운 촛불이 밤에 서로 친하다 / 천송이 만송이 향기도 짙다"라고 했다. 또 숙종이 노래한 〈상림십경上林十景〉에서 제1경이 '천향각에서 꽃구경하다天香看花'이다. 모두 이 일대가 그냥 빈터가 아니고 꽃을 가꾸는 정원이 있었음을 말해준다.

존덕정 동쪽, 옥류천 올라가는 길 옆에는 참나무시들음병 피해로 죽어버린 갈참나무 고목 2그루 그루터기가 지금도 남아 있다. 〈동궐도〉에서 찾을 수 있는 나무들로 고려대본에서는 단풍나무, 참나무로 그려져 있다. 오늘날도 살아 있는 존덕정 은행나무와 청심정 주변의 잣나무를 알아본다.

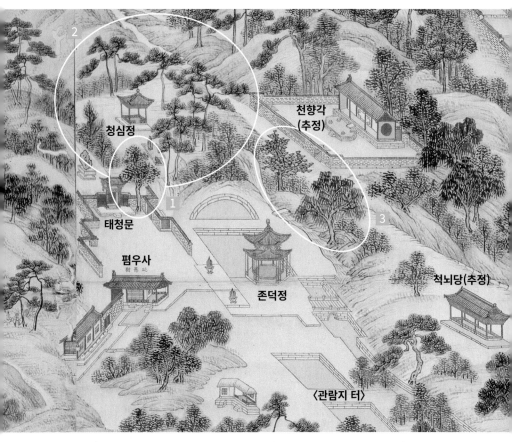

〈동궐도〉 (①존덕정 은행나무 ②청심정 잣나무 ③갈참나무 그루터기 자리)

존덕정 은행나무

지금의 창덕궁 후원의 존덕정에는 궁궐에서 가장 크고 오래된 은행나무 나무 1그루가 조용히 자리를 지키고 있다. 줄기 둘레 약 세 아름에 키 23m, 나이는 약 250살, 대체로 정조가 등극한 1776년 즈음 조금 자란 나

창덕궁의 고목나무

무를 옮겨 심은 것으로 짐작된다. 숲에 묻혀 있어서 금방 눈에 띄지 않지만 11월 중순이면 샛노란 단풍이 주위를 압도한다. 〈동궐도〉에서 폄우사 북쪽, 존덕정의 서북쪽 태청문 앞 한쪽 구석에 이 은행나무가 그려져 있다 (181쪽).

밑동에서 새로운 줄기 둘이 나와 본줄기와 경쟁하듯 곧게 자라고, 표면이 세로로 깊게 골이 파져 있다. 이곳뿐만 아니라 조금 오래된 은행나무는 관리하지 않고 그대로 두면 이렇게 밑동에서 새싹이 잘 나온다. 시간이 지나면서 본줄기와 붙어 줄기 표면이 세로로 깊게 골이 지게 된다. 이 은행나무도 반대편으로 돌아가면 새싹 줄기가 붙어버려 세로로 골이 파지고 굵은 주름이 잡힌 줄기를 볼 수 있다. 대체로 은행나무 고목은 같은 나이의 다른 나무보다 줄기가 훨씬 굵은 것이 특징이다. 이는 원래의 본줄기가 아니라 밑동에서 돋은 여러 개의 새싹이 자라서 둘러싸면서 원래 줄기처럼 보이기 때문이다. 서로 완전히 붙어버리면 새싹이 자라 둘러싼 줄기인지 원줄기인지 분간이 안 된다. 심지어 원줄기가 죽어서 없어져 버려도 새싹들이 둘러싸서 새로운 줄기를 만든다. 화석식물인 은행나무가 지금까지 살아남은 데는 새싹을 잘 내미는 특징도 크게 영향을 미쳤다고 본다.

은행나무를 중심으로 남으로는 폄우사, 북으로는 청심정, 동남쪽으로는 존덕정이 있다. 앞서 말했듯이 폄우사는 정조가 〈폄우사 사영〉이란 시를 남긴 곳이며, 효명세자의 독서처로도 알려져 있다. 임금들이 조용히 쉬면서 책을 읽고 마음을 가다듬는 곳이다. 한마디로 이 일대엔 임금들이 자주 들러 글 읽고 시를 짓는 등 자신의 학식을 넓히던 공간이 모여 있다. 존덕정은 후원의 중심 정자로서 숙종의 〈존덕정 우음偶吟〉이란 시가 전한다. 존덕정 안에는 정조 22년(1798년) 임금이 쓴 "만천명월주인옹자서

존덕정과 은행나무

　　　　　　　　　　　　　　　　창덕궁의 고목나무

은행나무 고목은 본줄기가 썩어버리고 여러 개의
새싹이 자라 새 줄기가 되는 경우가 흔하다.

萬川明月主人翁自序"란 편액이 걸려 있다. 세상의 모든 냇물은 달을 품고 있지만 하늘의 달은 하나밖에 없다는 뜻이라고 한다. 왕권을 강화하고 신하의 도리를 강조하는 뜻으로 존덕정을 정비하면서, 정조는 학문 숭상의 상징성을 갖는 은행나무를 더욱 아끼지 않았을까 싶다.

유교를 건국이념으로 한 조선왕조의 임금들이 가장 숭상하는 학자는 바로 공자님이다. 은행나무는 공자와 관련이 깊은 나무다. 제자를 가르치던 곳을 흔히 행단杏壇이라 하며 은행나무가 심겨진 단이라고 알려져 있기 때문이다. 후원 일대를 가장 아끼고 사랑했던 정조는 다른 곳의 은행나무도 좋아했던 것 같다. 정조 16년(1792) 가을, 오늘날 경기도 수원시 오산의 '궐리사闕里祠'를 사액하면서 "궐리라는 사우祠宇에 은행나무가 있고 대대로 사는 후손이 있었다"라고 했다. 이 자리는 공자의 64대손 공서린 孔瑞麟(1483~1541)이 우리나라에 와서 벼슬을 하다가 만년에 낙향한 곳이다. 200여 년 뒤 정조가 수원 화성을 완성하고 일대를 둘러보면서 큰 은행나무가 눈에 띄어 유래를 알아보고 궐리사를 지었다는 이야기다.

향교나 학문을 숭상하는 상징성이 있는 곳에는 행단의 정신을 이어받아 궐리사처럼 흔히 은행나무를 심는다. 조선시대 우리 선조들은 공자와 관련된 유적지에는 어디나 은행나무를 심어두었다. 후원 일대에 정자를 지으면서 행단의 예를 본떠서 존덕정 은행나무를 심은 것으로 추정된다. 다만 분명히 이 은행나무와 관련이 있을 것 같은 정조와 효명세자 등은 당시에 제법 크게 자랐을 은행나무를 두고 글 하나 남기지 않아 아쉽다.

청심정 잣나무

폄우사의 북쪽, 존덕정 서북쪽으로 직선거리 약 100m 지점의 능선 중턱에는 숙종 14년(1688) 천수정淺愁亭 옛 터에 건립한 청심정이란 소박한 정자가 있다. 동쪽으로 깊은 계곡이 있고 냇물이 존덕정 밑으로 흘러 들어간다. 주위는 숲으로 둘러싸여 여러 꽃과 나무가 섞여 자라므로 아름다운 풍광을 이루었다. 후원의 경치 좋은 10곳을 골라 상림십경上林十景이라고 했는데, 청심정은 7경에 속한다. 정조의 《홍재전서弘齋全書》에는 청심제월淸心霽月이라 하여 '청심정에서 바라보는 맑게 갠 날의 달구경'을 노래했고 순조도 청심완월淸心玩月이라 하여 역시 청심정의 달구경을 읊고 있다.

청심정 주변은 이렇게 달구경의 명소가 될 만큼 숲이 깊고 그윽했다. 당시 자라고 있던 나무를 짐작해 볼 수 있는 자료가 있다. 숙종이 지은 〈청심정기淸心亭記〉에 "우거진 소나무는 쭉쭉 뻗어 주위를 에워싸고 비취색 잣나무도 빽빽하여 삐죽삐죽하다"라는 구절이 있다. 소나무가 주변에 많으며 정자 가까이는 잣나무가 둘러싸고 있다는 뜻으로 읽힌다. 숙종이

잣나무로 둘러싸인 청심정

청심정의 풍광을 노래한 이후 거의 140년이나 뒤에 그려진 〈동궐도〉를 봐
도 청심정을 중심으로 폄우사 서쪽 능선과 동쪽의 천향각으로 추정되는
건물 주변 등에 약 30여 그루의 큰 소나무들이 그려져 있다(181쪽). 〈동궐
도〉는 궁궐에 자라는 모든 나무를 그린 것이 아니라 화가가 중요하다고
생각한 나무를 골라 그렸다고 짐작되므로 실제는 숙종의 시처럼 푸른 소
나무가 숲을 이루어 주위를 둘러싸고 있었을 터다. 다만 청심정 주위의

7그루를 비롯하여 곧바르고 나무껍질을 약간 매끈하게 그린 나무들은 잣나무로 짐작된다. 소나무 껍질은 거북등처럼 갈라지고 잣나무 껍질은 비늘갑옷처럼 생겼으니 이렇게 달리 표현했을 수도 있다. 소나무는 잎 2개로 한 묶음을 만들고 잣나무는 5개로 한 묶음을 만든다. 그러나 옛사람들의 그림에서 이런 차이를 나타낼 수는 없었다. 숙종이 비취색 잣나무라고 노래했던 청심정 주변의 잣나무는 지금도 일부 그대로 남아 있다. 〈동궐도〉에는 청심정과 폄우사 사이에 팔작지붕의 태청문이 있다. 폄우사에서 독서하던 임금이 태청문을 지나 쉽게 청심정으로 올라갈 수 있도록 이 일대는 〈동궐도〉에 공터로 그려진 것처럼 나무를 심지 않았던 것으로 보인다.

잣나무는 목재로도 흔히 이용했다. 해인사 팔만대장경판을 보관하고 있는 건물의 기둥, 법주사 대웅전, 종묘 정전의 일부가 잣나무이며 근세 건물인 조계사 대웅전에서는 36점의 잣나무가 검출되어 소나무 24점보다 훨씬 많다. 그러나 잣나무는 주재료로 쓴 것이 아니라 소나무 조달이 원활하지 않을 때 대용재로 이용했다. 한편 궁궐 현판의 수종 조사 결과를 보면 피나무와 소나무를 많이 사용하기는 했지만 격이 높은 현판은 잣나무를 더 선호했다.

연경당 주변의 고목나무

후원 나무답사의 마지막은 연경당을 둘러보고 서쪽 급경사 계단을 올라 고개 너머 궁궐 서쪽 궁장의 중간쯤에 있는 요금문 쪽으로 내려오는 길이다. 주합루 뒤쪽의 언덕 너머에 창덕궁의 여러 전각 중 특이하게 사대부

〈동궐도〉- 연경당 일대. 운회헌 앞에 큰 전나무가 보인다.

집의 형태를 띠고 있는 건물이 연경당이다. 효명세자가 대리청정을 하면
서 아버지 순조를 위해 1827년경에 지었다고 알려져 있다. 하지만 지금
남아 있는 건물은 고종 때 완전히 고쳐 지었다. 〈동궐도〉에 묘사된 연경당
은 정문인 장락문 동쪽으로 이어서 5칸 건물인 운회헌雲檜軒이 길게 이어
져 있다. 운회헌 바로 앞에는 나지막한 담장이 둘러쳐 있고 그 아래에는
큰 전나무 1그루가 보인다. 운회헌은 '전나무에 구름이 서린 집'이란 뜻이
니 큰 전나무에 구름이 걸리듯 안개가 낀 모습을 보고 이름을 붙인 것 같
다. 아마 여기에 앉아 전나무를 바라보는 모습이 특별히 아름다웠을 것이
라고 짐작된다. 동쪽으로 의두합까지 이어지는 언덕에는 전나무가 많았
을 것이다. 물론 오늘날 이 전나무들은 모두 없어졌다.

연경당 장락문 동쪽, 일제강점기 초에 심은 것으로 추정되는 칠엽수 고목 중 2그루

창덕궁의 고목나무

《무신친정계첩》(1728년, 국립중앙박물관 소장) 부분. 애련지 남쪽에 4그루 나무가 보인다.

　　오늘날 장락문 동쪽 행랑 옆에는, 궁궐 안에서 흔히 만나는 우리 토종나무와는 달리 곧고 높이 자란 큰 나무 3그루가 눈에 띈다. 일제강점기 일본에서 들여다 심은 칠엽수다. 굵기는 줄기 둘레가 각각 2.2m, 3.2m, 3.5m로서 1그루만 한 아름 반 정도이고 나머지 2그루는 두 아름이 넘는다. 키도 19m, 19m, 16m로 조금씩 차이가 있으나 일제강점기 때 같이 심은 것이다. 고종 말년, 순종 연간을 거쳐 일제강점기로 이어지면서 연경당은 주로 접견소나 연회장으로 쓰였다. 연회 참석자는 주로 일본인들이었다고 한다. 이때쯤 심은 것으로 본다면 나이는 대체로 120~130살 정도로 추정된다. 칠엽수는 일본칠엽수와 가시칠엽수 두 종류가 있는데, 이곳 칠엽수는 일본칠엽수다.

애련지 느티나무 3그루

그 외 영조 4년(1728)에 그린 《무신친정계첩戊申親政契帖》에는 지금 없어진 어수당이 있고 남쪽 애련지 앞에는 4그루의 나무가 그려져 있다. 이 나무들 중 3그루는 살아남아 오늘날 불로문 안, 거의 같은 위치에 자라고 있는 느티나무 고목인 것으로 짐작된다. 나이는 약 300여 살에 이른다. 《무신친정계첩》보다 약 100여 년 뒤에 그린 〈동궐도〉에는 이 느티나무가 보이지 않는다(173쪽). 느티나무를 그려 넣었을 때 애련지와 애련정이 가려지는 등 그림의 구도에 문제가 있어서 생략한 것으로 짐작한다.

관람을 마치고 돈화문으로 되돌아 나오기 위하여 서쪽의 정겨운 자연석 돌계단에 올라서면 옛날 능허정으로 다니던 능선 길과 만난다. 고갯마루에서 잠시 숨을 돌릴 즈음 특별한 모습의 느티나무가 눈에 들어온

능허정 길목 근처 느티나무 줄기에 나타난 누비문양

다. 줄기의 표면에 아름다운 문양이 새겨져 있는데, 누비옷을 연상시키므로 누비문양이라 한다. 마른 날보다는 비 온 뒤 나무 표면이 살짝 젖으면 더욱 명확하게 보인다. 나무답사객들은 그냥 지나치지 않는다. "왜 저런 모양이 생기나요?"라는 질문이 틀림없이 들어올 터이니 필자가 먼저 설명을 시작한다. 그러나 세포형태학이란 전문적인 내용이 바탕이 돼야 하므로 항상 애를 먹는다.

원래 이런 누비문양은 껍질이 아니라 나무속에 생기며 모양이 아름다워 응접탁자나 식탁 등 고급가구에 이용되므로 귀한 대접을 받는다. 굵기가 머리카락의 1/2 정도인 0.05mm 전후의 가늘고 긴 세포가 나무가 자라는 방향과 나란히 켜켜이 쌓여서 나무를 이룬다. 보통의 나무들은 세포가 규칙적으로 길게 배열되므로 줄기 표면에 특별히 문양을 나타내지 않는다. 다만 나이테의 넓고 좁음의 차이에 따라 평범한 나이테 문양을 만들어낼 뿐이다. 그러나 뿌리가 뻗기 시작하는 나무 줄기의 밑동 부위와 옹이 부분 등에는 세포의 배열이 뒤틀려서 누비문양을 비롯한 독특한 문양을

금천교 느티나무와 함께 궁궐을 지켜온, 창덕궁에서 가장 굵은 느티나무

만들어내기도 한다.

　그러나 나무껍질은 이런 누비문양을 만드는 경우가 흔치 않다. 부피 생장을 담당하는 부름켜가 껍질 바로 아래에 있어서 나무가 자라면서 나무껍질은 심한 압박을 받고 바깥쪽부터 떨어져나가 버린다. 수종에 따라 바깥껍질이 떨어져나가 버린 자국이 무늬 없이 매끄럽거나 깊은 골이 지는 등 다양한 모습을 한다. 예외적으로 이곳 느티나무는 껍질이 떨어져

나가지 않고 여러 방향으로 비틀리면서 아름다운 누비문양을 만든 것이다. 궁궐에서는 이곳과 대보단 입구 등 몇 곳에서만 만날 수 있다.

고개를 넘어 내려가다 보면 오른쪽 숲속에 네댓 아름은 족히 될 만하지만 죽은 듯한 느티나무가 보인다. 그러나 자세히 보면 완전히 죽은 것이 아니라 가느다란 가지 하나가 살아 있다. 궁궐에서 가장 굵은 나무다. 그래서 사람들은 나이를 궁금해한다. 아무런 자료가 없고 〈동궐도〉에도 나오지 않았기에, 정확하진 않아도 이 나무의 나이는 굵기로 짐작할 수밖에 없다. 궁궐의 다른 나무들과 비교해서 추정을 해보면 500살에서 600살 정도는 되는 것 같다. 금천교 느티나무와 함께 조선왕조 내내 궁궐을 지켜온 토박이 고목나무들이다.

대보단(황단)의 터줏대감 느티나무

〈동궐도〉의 서북쪽 숲속에는 주변 지형과 어울리지 않고 넓은 공간이 있다. 사직단과 비슷한 모습의 이곳은 대보단大報壇이다. 숙종 30년(1704) 임진왜란 때 조선을 도와준 명나라 황제 신종의 제사를 지내주기 위해 지었다고 한다. 이미 임진왜란이 끝나고서 100년도 더 지나서, 명나라가 멸망한 지도 한참 흐른 뒤에 남의 나라 임금 제사를 올리기 위하여 이런 시설을 만들었다니 오늘의 눈으로 본다면 도저히 이해가 가지 않는다. 어쨌든 숙종 이후 영조와 정조를 거쳐 조선 후대까지 열심히 제사를 모셨다 한다. 대보단은 사방에 낮은 담장을 치고 남쪽에는 정문인 열천문洌泉門를 두었으며 외대문인 공북문拱北門이 아래로 있다. 〈동궐도〉를 보면 열천문 밖 왼

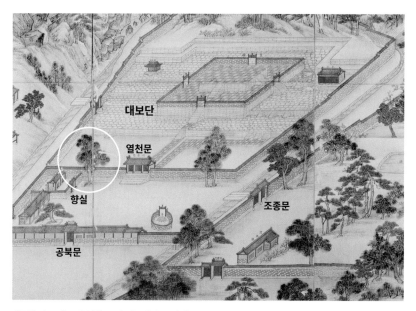

〈동궐도〉– 대보단 열천문 밖 터줏대감 느티나무

쪽 향실香室 앞에 큰 느티나무, 오른쪽에 역시 2그루의 느티나무가 그려져
있으며 공북문 바로 안쪽에는 멋스런 노송이 자라고 있었다. 다른 나무는
없어지고 향실 앞의 느티나무 1그루는 지금도 살아 있다.

　　일제강점기인 1921년 궁궐에 흩어져 있던 선원전을 폐지하고 어진
을 이곳에다 모아 공북문 일대에다 신선원전을 만들었다. 이때 느티나무
는 그냥 남겨두어 오늘날 줄기 둘레 6.2m, 키 19m로 거대한 몸집을 자랑
한다. 느티나무 뿌리목 둘레에는 동그란 식수단을 만들어두었으며, 여기
에는 5그루의 소나무가 함께 자란다. 그중 하나는 키 16m에 한 아름이 넘
는 굵기로 자라고 있다. 느티나무의 나이는 자그마치 600살이 넘는다. 처
음 창덕궁을 지을 당시부터 살아온 나무다. 원래 도성의 군사시설인 별대

소나무 5그루의 호위를 받는 대보단 터줏대감 느티나무

영別隊營 자리를 밀어버리고 대보단을 설치하면서 〈동궐도〉에 보듯이 열
천문과 공북문 사이에 고목나무 4그루만 남겨두었다. 대보단의 동문인 조
종문朝宗門을 나서면 소나무·느티나무·밤나무·음나무·귀룽나무로 추정되
는 고목들을 〈동궐도〉에서 찾아볼 수 있다. 오늘날 이 일대에는 관리도로
를 따라 약 400여 살로 보이는 느티나무 고목들이 10여 그루나 있다. 별
대영 주위를 둘러싸고 있던 느티나무의 일부가 살아남은 것이다.

〈동궐도〉 – 창덕궁 만세송은 뒤 천연기념물 다래나무 자리로 추정되는 위치

다래나무 나라의 왕중왕

〈동궐도〉에서 보면 대보단 조종문을 나와 북동쪽에는 연못이 있고 이어서 담장까지 두른 자그마하지만 고급스런 건물이 보인다. 만세송은萬世誦恩 인데, 어재실御齋室로서 대보단에 제사 지내러 간 임금이 머물던 곳이다. 만세송은 북쪽 담장 밖을 따라 참나무처럼 그려져 있는 일대의 나무들은 오늘날 천연기념물 제251호로 지정된 창덕궁 다래나무로 짐작된다. 물론 〈동궐도〉가 조감도로 그려지면서 북쪽으로 갈수록 압축되어 생략된 부분 이 많아 그림에서 다래나무를 구체적으로 표현한 나무는 찾을 수 없다.

　필자가 이 나무와 처음 만난 지는 20여 년도 훌쩍 넘었다. 새로운

창덕궁의 고목나무

밀레니엄 2000년대가 온다고 떠들썩하던 1999년의 마지막 일요일이었다. 창덕궁에다 공문을 내어 정식 조사요청을 하기에는 너무 번거로웠다. 당시 내가 재직하던 경북대학이 국립이라 필자의 신분도 공무원이었다. 출입을 통제하는 창덕궁 직원 역시 공무원이니 신분증으로 직접 접촉할 셈이었다. 그러나 깐깐하게 생긴 직원은 이것저것 따지는 것이 많았다. 일찍부터 하얗게 바래버린 내 머리카락은 손해일 때가 많지만 이런 경우는 오히려 유리한 패스카드가 될 수도 있다. 허름한 작업복에 무거운 카메라 가방까지 둘러맨 모습이 누가 보아도 조금은 얼떴다. 들어가서 엉뚱한 짓은 하지 않을 것 같았던지 겨우 허락을 얻을 수 있어서 다래나무의 첫 알현이 이루어졌다.

창덕궁 서쪽 담을 타고 이어지는 관리도로를 따라 신선원전을 지나 굽은 길을 돌아갔다. 작은 개울에 걸쳐진 돌다리에서 북쪽으로 올려다보니 구불구불한 다래나무를 만날 수 있었다. 며칠 전 온 눈이 녹지 않아 마치 인적 없는 지리산 골짝에라도 온 것처럼 호젓이 고궁의 설경을 감상할 수 있었다. 인구 1천만이 북적대는 서울 한복판에 이런 곳이 있다니! 혼자 감탄하면서 즐겁게 나무를 만났다. 이 나무는 승천을 앞둔 용이 비가 쏟아지면 당장이라도 일어나 솟구치려는 듯 구불구불하게 꼬여서 얼기설기 자란다. 2~3m의 간격을 두고 대체로 세 군데서 뿌리를 내렸다. 가장 긴 덩굴 길이는 20m가 넘는다. 줄기의 굵은 부분은 둘레가 72cm, 지름이 거의 한 뼘이나 되니 다래나무로서는 어마어마한 굵기다. 원래는 바로 옆에 있는 커다란 말채나무를 타고 올라가면서 자랐으나 바람에 혹시 말채나무가 넘어지면 같이 넘어질 우려가 있어서 2층 나무계단까지 설치하여 편안한 안식처를 만들어주었다. 그러나 안타깝게도 지금은 원줄기 자체

오늘날 신선원전 북동쪽에 자리한 천연기념물 제251호 창덕궁 다래나무

가 대부분 죽어버렸다. 새로 나온 가지들이 죽은 줄기를 감싸고 있어서 여름날 보면 전체가 살아 있다는 착각에 빠진다.

이 다래나무의 나이는 600살을 넘었다. 1405년 태종이 창덕궁을 창건할 때부터 자라온 나무로 보인다. 원래부터 이곳에 자라던 것인지 혹은 창덕궁을 지을 당시에 다른 곳에서 캐다가 옮겨 심은 것인지는 알 수 없다. 그러나 특별히 다래나무를 조경용으로 산에서 캐다가 심었다고 보기는 어려우므로, 처음부터 이 자리에서 자연적으로 자랐다고 믿고 싶다. 다래나무는 다래 열매를 매다는 과일나무로 우리와 너무 친숙하다. 〈청산별곡〉을 비롯해서 옛사람들의 생활상을 묘사한 글에는 다래가 머루와 함께 주요한 간식거리로 자주 등장한다. 늦여름에 달리는 손가락 마디만 한

어긋나기로 자라는 다래나무 잎, 맛이 달콤한 열매, 덩굴로 자라는 줄기

초록 과일은 맛이 부드럽고 달콤하여 사람뿐만 아니라 원숭이, 곰, 초식동물까지 모두가 좋아한다. 궁궐의 후원 깊숙이에 매달리는 이 다래는 '임금님의 과일나무'로서 보호받았을 것이다. 연산군 9년(1503) 가을 "서리 맞은 머루와 다래를 따서 들이도록 하라"라는 기록이 있다. 바로 전 해에도 경기 감사에게 머루와 다래를 가지가 달린 채로 올려 보내라는 명을 내렸었다. 다른 임금은 특별히 다래 관련 기록이 없는 것으로 봐서 연산군이 유난히 다래를 좋아한 것 같다. 아마 후원 일대에는 자연적으로도 다래나무가 여기저기 자랐을 터이고 상림원 관리들은 어디에 자라는지를 알아두었다가 변덕스런 연산군이 갑자기 다래를 가져오라고 했을 때 바로 조달했을 것이다. 그러나 지금의 이 다래나무는 열매가 달리지 않는 수나무다. 가지에 달린 채로 바쳤다 하니 근처에 암나무도 있었을 것이다. 아마 암나무는 없어지고 수나무인 이 다래나무만 지금까지 살아남은 것 같다. 임금님과 한 울타리 안에 살아간다는 것만으로도 영광인데, 왕실의 보살핌 속에 청장년의 세월을 보냈고 늙어서는 천연기념물이라는 영예를 안고 서울의 한복판에서 편안히 살고 있다. 이 나무야말로 나무 나라의 평범한

'나무 백성'들의 부러움을 살 만하다. 우리나라의 다래나무 중 가장 나이가 많고 또 가장 굵다는, 깨질 수 없는 기록도 함께 가지고 있다.

다래는 완전히 익어야 하고 오히려 숙기熟期가 조금 지난 과일이 더 맛있다. 날로 먹기도 하며 과일주로도 널리 이용된다. 또 꿀에 넣고 조린 다래 정과正果는 우리의 전통과자로서 지체 높은 옛 어른들의 간식거리이기도 했다.

그 많던 후원의 소나무는 어디로 갔나?

북한산 자락인 응봉에서 능선이 뻗어 내린 후원의 토양은 화강암을 모암으로 하는 전형적인 사질토로 이루어져 있다. 점토粘土 성분보다는 모래가 많아 배수는 좋으나 유기물이 적고 한번 숲이 파괴되면 회복되기 어렵다. 조선 초부터 후원을 비롯한 북악산, 인왕산 등 궁궐의 주위를 둘러싸고 있는 화강암 산에다 특별히 소나무를 심고 가꾸기를 강조한 기록을 조선왕조실록에서 수없이 찾을 수 있다. 후원의 경우를 보면 태종 10년(1410) 창덕궁을 짓고 얼마 되지 않아 소나무를 심으라고 했다.

후원의 동쪽은 성균관과 이어져 있다. 주위를 돌아 흐르는 개울을 반수泮水라고 하는데 이를 궁궐의 후원에 포함시키는 문제를 두고 몇 번의 논의가 있었다. 세조 9년(1463)에는 반수가 궁장宮墻 안에 들어오는 것은 마땅하지 못하다고 하였으며, 다시 성종 6년(1475) 신하들이 반수의 복구를 요청하자 임금이 직접 후원에 가서 검토해 보니 "공역이 많이 들고, 또 400, 500그루의 소나무를 베어야 할 뿐만 아니라, 더욱이 선왕께서 하신 것을 차마 갑작스럽게 고칠 수가 없다"라고 했다. 지금의 옥류천 일원에 소나무 숲이 우거져 있었음을 짐작할 수 있는 자료다. 반수에는 흥미로운 이야기들이 전해 오는데, 세종 때 생원 최한경은 이곳에서 목욕을 하고 있는 중에 지나가는 젊은 부인을 보고 알몸으로 달려들어 껴안았다가 장 80대를 맞았다. 또 성종 때는 유생 4, 5인이 알몸으로 반수의 바위에 누워 놀다가 말썽이 나기도 했다. 그만큼 숲이 우거져 있던 외진 공간이었음을 엿볼 수 있다.

이후에도 후원의 소나무 숲은 여전히 울창했음을 기록에서 찾을 수 있다. 〈동궐도〉에서도 유난히 소나무가 눈에 많이 띈다. 《궁궐지》의 '창덕궁지昌德宮誌' 순조의 〈경복전기景福殿記〉에 "경복전은 인정전 서북쪽에 있는데 푸른 소나무가 울창하게 뒤를 두르고 앞에는 연못이 있다"라고 하여 불타기 전의 경복전 일원의 풍광을 노래하고 있다. 경복전의 동북쪽 깊숙이는 창송헌蒼松軒이란 자그마한 건물이 하나 있었다. 영조가 즉위하던 해인 1724년 자신의 생모 숙빈 최씨를 위해 지은 사우祠宇라고 한다. 이름 자체가 울창한 소나무 집이니 일대가 소나무 숲이었음을 짐작할 수 있다. 〈동궐도〉에서도 인정전 뒤에서 응봉으로 이어지는 능선 주변인 경복전 터와 경훈각·수정전 사이에 자라는 큰 나무의 거의 대부분이 소나무 고목이다. 굵은 소나무가 가장 많이 모여 작은 숲을 이루고 있음이 확인된다. 또 수정전 서쪽과 북쪽 담장 밖으로도 굵은 소나무들을 만날 수 있으며 집상전 북쪽으로도 역시 소나무 고목이 많이 보인다. 여기와 가까운 관물헌에서 효명세자가 쓴 〈관물헌 사영시四詠詩〉에 "푸른 소나무 울창하고 수많은 꽃송이들은 화루畵樓 같네"라고 했다. 뿐만 아니다. 후원에서 가장 높은 곳(해발 90m)에 있는 능허정을 두고 숙종의 〈제능허정題凌虛亭〉이란 시에는

〈동궐도〉– 창송헌 일대의 소나무 숲

〈동궐도〉– 능허정 주변의 소나무 숲. 아래 바위에는 왕세자의 글씨가 새겨져 있다.

창덕궁의 고목나무

소나무 숲이었던 일제강점기 당시 후원 연경당 안채 뒷편(국립중앙박물관 소장 유리건판)

넓은잎나무 숲이 된 오늘날 후원 연경당 안채 뒷편

"솟아오른 우거진 산은 푸른 하늘에 닿았는데 / 덩굴나무 붙잡아가면서 골짜기 따라 화정에 오르니 / 수많은 가지가 뻗은 푸른 나무는 대나무 같이 빽빽하네"라고 노래했다. 소나무가 대밭처럼 울창했다는 뜻으로 읽힌다. 또 〈동궐도〉에서 보면 능허정 아래 계곡의 바위에는 왕세자의 글씨로 "밝은 달이 솔가지를 비춰주고 맑은 샘이 바위를 타고 흐르네"라고 새겨두고 있다. 역시 이 일대에 소나무가 많았음을 알려준다.

그렇다면 본래 소나무 숲이었던 후원은 언제 지금과 같이 참나무 등의 넓은잎나무 숲으로 변했는가? 일제강점기에 촬영된 창덕궁 일원 사진 유리건판을 보면 〈동궐도〉만큼은 아니나 소나무가 많이 보이지만, 1954년에 나온《왕궁사王宮史》를 보면 소나무 숲이 거의 망가져 버렸다. 소나무는 햇빛을 매우 좋아하여 직접 햇빛을 많이 받아야만 살아남을 수 있다. 조선시대에는 소나무 숲 유지를 위하여 다른 나무들을 잘라주는 등 철저한 관리를 해왔다. 그러나 1910년 대한제국이 멸망하고 광복 전후의 혼란기와 한국전쟁을 거치면서 후원은 거의 방치되었다. 그 결과 참나무 등 다른 나무들이 웃자라면서 그늘이 져 햇빛 부족에 시달린 소나무는 차츰 없어진 것으로 짐작된다.

창덕궁의 고목나무

昌慶宮

창경궁

창경궁의 고목나무
〈동궐도〉 고려대본을 중심으로

조선 9대 성종은 즉위할 때 세 분의 대비를 모시고 있었다. 7대 세조비 정희왕후, 세조의 장남이었으나 일찍 죽어서 추존된 덕종의 왕비 소혜왕후(인수대비), 8대 예종비 안순왕후였다. 창경궁은 세 분의 대비들을 모실 수 있는 처소로서 성종 15년(1484)에 건립했다. 창경궁 터의 일부는 원래 태종이 세종에게 선위를 하고 상왕일 때 처소로 사용하던 수강궁 자리이기도 하다. 권력에서 물러난 여인들의 공간임과 동시에 창덕궁의 보조 궁궐로서 모자라는 주거공간을 보완해 주는 기능도 했다. 그러나 선조 25년(1592) 임진왜란으로 다른 궁궐과 함께 모든 전각이 불타버렸고, 광해군 8년(1616)에 다시 지었다. 이후 이괄의 난을 비롯한 정변과 화재로 소실과 복원 및 중수를 거듭하여 조선 후기까지 궁궐로서 기능을 해왔다.

그렇지만 창경궁은 일제강점기 전후로 다시 처참하게 파괴된다. 1910년 한일강제병합이 된 바로 다음 해에는 이름도 창경궁이 아니라 창경원昌慶苑으로 격하되었다. 명정전 남쪽 행랑 아래의 오위도총부五衛都摠府, 주자소鑄字所, 내사복시內司僕寺, 춘방春坊 등을 모두 철거하고 놀이시설과 동물원을 만들었다. 임금이 시범으로 농사를 짓는 내농포內農圃 자리에는 춘당지라는 큰 연못을 팠으며, 관덕정 앞에는 대온실을 지었다. 1983년에야 이름을 창경원에서 창경궁으로 되돌리기로 결정하고 복원 계획을 세웠다. 우리 손으로 일부 전각을 복원하고, 동물원을 없앴으며 전각 자리에는 새로 많은 나무를 심었다. 이때 가장 큰 변화는 일제가 심어둔 벚나무의 제거였다. 1912년에 일제는 일본 본토에서 직접 벚나무를 가져다 심었고 이에 1924년부터 밤 벚꽃놀이가 시작되었었다. 창경궁은 광복 후에도 여전히 서울 시민의 놀이터로 있다가 복원을 시작하면서 궁궐 본래의 모습을 갖추어가고 있다. 한때 2천 그루가 넘는 벚나무가 자라고 있었지만 지금은 산벚나무 몇 그루를 제외하면 일제강점기에 심은 벚나무는 거의 남아 있지 않다. 홍화문에서 명정전, 함인정, 환경전, 통명전까지로 이어지는 공간 이외의 주요 건물터에는 잔디를 깔고, 남은 공간에는 모두 나무를 심었다. 오늘날 창경궁의 면적은 약 22만 2천㎡이다.

　현재 창경궁에 자라는 나무는 약 11만여 그루다. 이 중 큰 키나무가 100여 종 6천여 그루이며, 소나무와 단풍나무가 가장 많다. 작은키나무는 80여 종 5만여 그루이며, 전체 작은키나무의 반이 훨씬 넘는 3만여 그루가 철쭉과 산철쭉이다. 창경궁은 본래 대비를 비롯한 여인의 공간이었기에 복원하면서 특히 산철쭉을 비롯한 꽃나무를 많이 심은 것 같다. 2016년 조사 자료를 보면 고목나무는 9종으로서 모두 35그루다. 수종별로는 버들 종류가 10그루, 소나무가 9그루로 가장 많고 이어서 회화나무 5그루, 느티나무 4그루, 백송 3그루이며 뽕나무, 산돌배나무, 주목, 향나무는 각각 1그루씩이다.

A

성종태실비

느티나무·회화나무
연리목

통명전　양화당　　집복헌
영춘헌

함양문

살구나무

환경전

산사나무

광덕문

경춘전

북십자각

함인정

명정전　　　　명정문　옥천교　홍화문

숭문당 화계
향나무

숭문당

남십자각

회화나무

숭문당 주목
(보존처리)

문정전

명정전
남쪽 행각 앞
회화나무

선인문
회화나무

버드나무

버드나무

선인문

〈궐내각사·창경원 동물원 터〉

관천대

버드나무

B

A

B

집춘문

관덕정

〈단풍나무 숲〉

대온실

소춘당지

소춘당지
느티나무

과학의문

갈참나무(연리목)

춘당지
백송

능수버들

춘당지

월근문

창경궁
터줏대감
느티나무

〈내전 일원 터〉

성종태실비

느티나무·회화나무
연리목

통명전   양화당

집복헌
영춘헌

함양문

살구나무

요ㅎ

환경전

숭문당

명정전

명정문

옥천교

홍·

선인문

내사복시

관덕정

련지
(앙지 터)

내농포
(춘당지 터)

전

〈동궐도〉 - 창경궁의 나무들

옥천교의 꽃나무, 복사나무와 매화나무

창경궁 정문인 홍화문과 명정전에 들어가는 명정문과의 사이 공간은 넓지 않다. 궁 안으로 들어서면 몇 발짝 걷지 않아 금방 금천의 옥천교를 만난다. 〈동궐도〉를 보면 금천을 따라 능수버들 1그루와 7~8그루의 꽃나무가 심겨 있을 뿐이다. 조금 좁고 단출한 느낌이다. 창덕궁 돈화문 영역의 금천교 주변에서는 작은 숲을 이룰 만큼 많은 나무를 만날 수 있는 것과 대비된다. 명정전은 앞쪽으로 넓은 공간을 둘 수 없는 지형이고 실제로도 좁다. 〈동궐도〉 속 옥천교 인근의 꽃나무들은 무슨 나무였을까? 매화나무 혹은 복사나무와 살구나무가 섞여 있는 것으로 추정한다. 옥천교 남쪽에 V자로 갈라져 붉은 꽃을 잔뜩 달고 있는 나무는 복사나무로 볼 수도 있으나, 필자는 자라는 위치나 생김새로 봐서 당시에도 나이를 제법 먹은 고매古梅로 짐작한다. 동그란 까치집을 달고 있는 모습이 정겹다. 〈동궐도〉에서 까치집이 그려진 나무는 이 매화나무가 유일하다. 홍화문을 출입하는 수많은 사람들이 항상 만났을 나무이고 마음만 먹으면 까치집은 언제라도 허물어버릴 수 있었을 것이다. 그러나 까치가 길조라서 일부러 그대로 둔 것인지 아니면 있지도 않은 까치집을 화가가 운치로 그냥 그려 넣은 것인지 알 길이 없다. 금천이 발원하는 후원의 응봉 산줄기는 숲이 깊고 상류의 면적이 넓어, 〈동궐도〉의 금천 바닥에는 제법 많은 물이 흘러내리는 것이 보인다.

그 외 흰 꽃과 분홍 꽃이 뒤섞이고 키가 좀 큰 나무들은 살구나무로 짐작된다. 살구꽃은 자라는 토양에 따라 연분홍에서 거의 흰색까지로 색이 달라진다. 화가가 살구꽃을 상정하여 그렸다고 보아도 좋을 것 같다.

〈동궐도〉– 꽃나무와 능수버들이 심겼던 옛 옥천교

1930년 이전의 옥천교. 줄기의 껍질눈[皮目]을 보아 벚나무가 심겼음을 알 수 있다.
(국립중앙박물관 소장 유리건판)

창경궁의 고목나무

복원된 창경궁 옥천교 일대 모습

옥천교 바로 옆의 능수버들은 북쪽 광덕문을 나서서도 만나는 능수버들
과 함께 운치를 높여준다. 아울러서 창덕궁 금천의 능수버들처럼 둑을 보
호해 주는 기능도 했다.

　〈동궐도〉의 그때 그 나무는 지금 단 하나도 남아 있지 않다. 창경궁
을 창경원으로 격하시키면서 자라던 나무는 모두 없애버렸기 때문이다.
대신에 1930년 이전에 촬영한 유리건판 사진을 보면 옥천교 주변에다 그들이 좋아하는 벚나무로 숲을 이룰 만큼 잔뜩 심었다. 1983년 우리 손으로 창경궁을 복원할 때 벚나무를 베어내고 매화나무, 살구나무, 자두나무, 복사나무, 앵두나무 등의 우리 전통 나무로 단장하여 오늘에 이른다.

연리목, 잘못된 만남

창경궁 정문인 홍화문을 들어서서 북쪽으로 난 길로 광덕문을 지나 잠시면 왼쪽의 금천에는 7줄의 꽤 넓은 평면 돌다리가 걸려 있다. 〈동궐도〉에서도 이 돌다리는 그대로다. 금천을 건너기 전 다리의 북쪽에는 커다란 고목나무 1그루를 볼 수 있다. 다리 앞 제법 규모를 갖춘 3칸 대문을 비롯하여 건물과 담장, 주변의 큰 나무들은 모두 없어졌지만 이 나무는 지금도 살아 있다. 두 아름이 훌쩍 넘는 회화나무다. 고려대본과 동아대본 모두 줄기에 공동空洞이 그려져 있을 정도의 고목이니 당시 나이를 적어도 100살 이상으로 보면 지금 나이는 300살이 넘는다.

오늘날 실제 위치에는 한 나무가 아니라 두 나무가 얼싸안고 있는 형국이다. 팔을 뻗어 안긴 것 같은 한쪽 나무는 느티나무이고 나이는 훨씬 어린 130여 살에 불과하다. 우리는 이런 모습의 나무를 흔히 연리목連理木이라고 한다. 다른 이름은 사랑나무다. 떨어진 두 나무의 가지가 이어지면 연리지連理枝, 이처럼 줄기가 이어지면 연리목이다. 연리는 두 나무가 맞닿아 서로의 세포가 결합하여 한 나무가 되는 현상이다. 그러나 모든 나무가 맞닿았다고 연리목이 되는 것은 아니다. 전제 조건이 있다. 연리가 되려면 종種이 같거나 적어도 속屬이라도 같아야 한다. 고욤나무와 감나무처

{7줄 돌다리}

광덕문

〈동궐도〉 – 오늘날 회화나무·느티나무 연리목이 된, 당시의 회화나무

럼 접붙임이 되는 나무는 일단 연리가 된다고 봐도 좋다.

　　이곳 연리목은 회화나무와 느티나무다. 같은 수종이라면 둘의 나이가 두 배가 훨씬 넘게 차이가 나도 부부가 되는 데 문제가 없다. 하지만 식물학적으로 과科가 다르니 애당초 연리가 될 수 있는 사이가 아니다. 물리적으로 맞닿아 있을 뿐 세포가 서로 합쳐져 두 몸이 한 몸 되는 진정한 참사랑이 될 수 없다. 가수 김건모의 노래처럼 '잘못된 만남'이다. 무늬만 부부인 괴로운 사랑나무인 셈이다. 여기서 금천을 따라 10m 남짓 올라가면 느티나무와 느티나무의 연리목이 자라고 있고, 춘당지 동쪽 능수버들 옆에도 갈참나무와 갈참나무 연리목이 있다. 같은 수종 간의 이런 만남이라야 진짜 연리목이다.

느티나무와 회화나무 연리목. 그러나 조직 연결까지는 되지 않아 엄밀한 의미의 연리목은 아니다.

창경궁의 고목나무

관덕정 일대 단풍나무

궁궐의 다른 이름은 풍금楓禁이다. 단풍나무가 많이 자라 아름다운 곳이나, 함부로 들어갈 수 없다는 뜻이다. 그 외에도 풍신楓宸, 풍폐楓陛 등 궁궐을 나타내는 말에 단풍나무가 흔히 들어 있다. 강세황의 〈호가유금원기扈駕遊禁苑記〉에서 옥류천 일대를 "푸른 솔, 붉은 단풍이 양옆에서 비치니, 마치 장막을 두른 듯 동천에 들어간 듯, 머리를 들고 이리저리 살펴볼 겨를이 없었다"라고 했다. 《궁궐지》에서 청심정을 두고 숙종이 지은 〈사시제영四時題詠〉에 "언덕 빽빽한 단풍나무 숲은 저절로 붉구나"라고 했으니 후원 깊숙이도 단풍나무가 많았음을 알 수 있다.

　　한편 조선왕조실록이나 《승정원일기》및 《일성록》에는 단풍정丹楓亭이란 이름이 수없이 나온다. 단풍정의 위치는 《신증동국여지승람》에 "춘당대 곁에 있는데, 단풍나무를 많이 심어서 가을이 되면 난만하게 붉기 때문에 이렇게 이름 지었으나 정자는 없다"라고 기록되어 있다. 그러나 고종 18년(1881)의 《고종실록》의 기록에도 단풍정이 나오는 것으로 봐서는 조선 말기까지 정자가 실제로 있었던 것으로도 보이는데, 단풍정은 관덕정의 다른 이름이라고도 한다. 관덕정은 《신증동국여지승람》경도京都 편에 "관덕정은 춘당대 동북쪽에 있으며 곧 사정射亭이다"라고 했으니 활 쏘는 곳이다. 임진왜란 이전에는 누에를 키우는 잠단蠶壇이 있었으나 임진왜란 이후 인조 20년(1642) 때 정자를 지었고 현종 5년(1664) 고쳐 지어 관덕정이라 부르게 되었다. 이곳은 활터로서 주위의 경치가 좋아 상림십경의 하나로 《궁궐지》에 숙종·정조·순조의 〈관덕풍림觀德楓林〉이란 시가 남아 있다. 숙종은 시에서 "하늘 높고 서리 내리는 늦가을이 되니 눈에 띄는 단풍

오늘날 관덕정 가는 관람로 주변에는 〈동궐도〉처럼 단풍나무가 많다.

나무 숲은 비단에다 수를 놓은 듯하구나!"라며 이 일대의 단풍의 아름다
움을 읊었다.

　〈동궐도〉에서도 후원의 다른 곳보다 훨씬 더 많은 단풍나무를 찾을
수 있다. 관덕정 일대는 빈 공간으로 그려져 있고 북쪽 및 동쪽의 집춘문
사이의 숲, 남쪽으로 월근문에 이르는 숲에는 여러 그루의 단풍나무가 그
려져 있다. 오늘날도 궁궐에서 단풍나무가 가장 많고 단풍 경치가 가장 아

〈동궐도〉– 집춘문 안 관덕정 일대에서 찾을 수 있는 단풍나무들

름다운 곳이 월근문에서 집춘문 사이의 숲이다. 그러나 이 단풍나무는 〈동
궐도〉 당시에 자라던 그 단풍나무는 아니다. 대부분 굵기가 한 뼘도 안 될
정도로 나이가 어리고, 일제강점기를 거치면서 파괴된 숲을 다시 복원할
때 널리 심기 시작한 단풍나무다.

　　단풍은 단풍나무, 당단풍나무, 신나무, 고로쇠나무, 복자기 등을 아
우르는 이름이다. 신나무는 잎이 셋으로 얕게 갈라지며 길고, 복자기는 잎

왼쪽부터 신나무, 복자기, 고로쇠나무, 당단풍나무 잎

이 삼출 겹잎으로 잎 모양이 전혀 다르다. 고로쇠나무는 잎이 개구리 발 모양이라 구별할 수 있다. 단풍나무와 당단풍나무는 잎이 깊게 갈라지는 것이 특징인데, 손 모양에 비유하자면 단풍나무 잎이 당단풍나무 잎보다 손가락이 가늘고 손가락 개수가 더 적다. 원래 단풍나무는 남부 지방과 일본에 자라며 신나무, 당단풍나무가 궁궐에 자라던 진짜 단풍나무다. 옛 화가들의 단풍나무 그림을 보면 김식의 〈단풍서조도〉, 장승업의 〈추정유묘도〉등 단풍을 상세히 묘사한 그림에는 모두 당단풍나무가 그려져 있다. 반면 〈동궐도〉의 단풍나무는 잎이 당단풍나무의 전형적인 모습이 아니라 작은 역삼각형 ▽의 모습으로 그려져 있다. 《개자원화보》의 협엽착색법夾葉着色法에서 삼각형 잎에 대하여 "이 단풍잎은 가을 경치에 넣으면 좋다"라고 했다. 당시 화가들이 단풍을 표현할 때 손바닥 모양의 당단풍나무보다 긴 삼각형 모양의 신나무가 더 눈에 띈 것이 아닌가 싶다. 현재의 궁궐 단풍나무는 일제강점기를 거치면서 심은 나무가 주축이고 〈동궐도〉 당시에는 단풍나무라면 신나무가 오히려 더 많았을 것으로 필자는 추정하고 있다.

창경궁의 고목나무

〈추정유묘도〉
(장승업, 1843년,
개인 소장)와 단풍 부분

화살을 피하던 소춘당지 느티나무

관덕정 바로 앞으로 지금은 굵은 참나무들이 자라 전망이 막혀 있지만 〈동궐도〉에는 빈터다. 활쏘기를 하고 관람하는 곳이니 당연히 앞은 빈터라야 한다. 영화당과 관덕정 사이의 중간쯤에는, 석축을 둘러 친 다른 연못과는 달리 나무 말뚝을 촘촘히 박아 축대를 만든 연못이 그려져 있고 단순한 구조의 자그마한 배 한 척이 한가롭게 떠 있다. 동쪽으로는 금천의 물줄기에서 물을 끌어들이는 모습이 보인다. 이 연못의 옛 이름은 백련지白蓮池이며 흔히 소춘당지라고 한다. 〈동궐도〉의 연못은 모두 15곳 정도 되

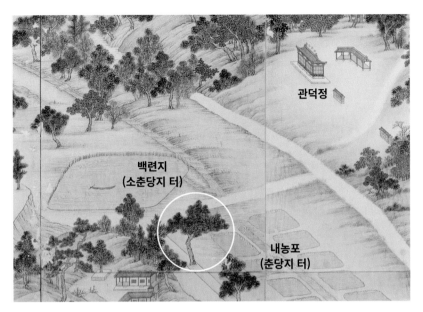

〈동궐도〉 – 관덕정에서 쏘는 화살을 피하던 나무로 추정되는 소춘당지 아래 느티나무

는데 석축이 아닌 나무 축대에 타원형 연못으로 나타낸 곳은 백련지와 내
농포 아래 수궁守宮의 당塘뿐이다. 둘 다 정원의 장식이나 놀이터로 만든
연못이 아니라 물을 잠시 가두어두는 소류지沼溜地였기 때문이다. 백련지
는 가뭄이 올 때 아래 내농포로 물을 공급하는 곳이었고, 수궁의 당은 금
천의 수량이 너무 많을 때 잠시 가두어두는 기능을 한 것으로 추정된다.

　　관덕정 앞과 소춘당지 일대는 물이 풍부한 땅이라 숲이 우거지기
쉬움에도 나무가 그려져 있지 않다. 영화당 앞의 춘당대와 이어지는 동궐
에서 가장 큰 광장으로, 계속 관리를 해준 탓이다. 소춘당지 아래 내농포
서쪽에 그려져 있는 큰 고목나무 1그루가 눈에 띈다. 이 일대의 여러 나무
중에 가장 크고 수관樹冠도 가장 넓다. 이 나무는 느티나무로 지금도 살아

화살을 피하던 느티나무. 소춘당지와 춘당지 사이 오솔길 서쪽 끝에 자란다.

서 자리를 지키고 있다. 소춘당지와 춘당지 사이로 난 오솔길을 따라 들어
가면 서쪽 끝 언덕 밑에 자란다. 나이는 300살, 다른 조사에서는 400살
이상이라 하여 차이가 많으나 어쨌든 〈동궐도〉를 그릴 당시에 100살이 넘
은 고목이었음은 틀림없다. 관덕정에서, 아니면 춘당대에서 쏜 화살은 소
춘당지 일대로 떨어지기 마련이다. 과녁을 세워둘 수도 있다. 떨어진 화살
을 줍거나 과녁을 관리할 사람들이 있었을 것이다. 이 느티나무는 화살 줍
는 하인들의 대기 장소로 쓰이지 않았을까 싶다. 수관이 넓게 퍼져 있어서
잘못 쏜 화살이 바로 사람을 맞힐 염려가 거의 없고, 굵은 나무이니 다급
할 때는 둥치 뒤로 몸을 피할 수도 있다. 지금은 이 일대에 숲이 우거지고
소춘당지 위쪽으로는 일제강점기 때 지은 온실 때문에 옛 정취를 전혀 알
수 없게 되어버렸다.

춘당지의 백송

창경궁을 들어가면 아무리 대충 둘러본대도 춘당지는 빠트릴 수 없다. 춘
당지는 예부터 있던 연못이 아니다. 원래 이곳에는 궁궐 안에서 임금이 농
사 시범을 보이던 내농포 논이 있었다. 일제강점기 직전인 1909년 창경궁
을 놀이시설로 훼손하면서 내농포를 없애고 연못을 파서 뱃놀이장으로
만들어 지금의 모습이 되었다. 〈동궐도〉에는 11개의 논이 그려져 있을 뿐
이름이 없으나 〈동궐도형〉에는 10개로 나누어 답십야미踏十夜味라고 적어
두었다. 아래쪽 금천에 걸쳐서는 임금이 농사 시범을 지켜볼 수 있게 지은
작은 관풍각觀豐閣이 있었다. 관풍각의 동쪽 언덕 밑에는 쓰임을 알 수 없

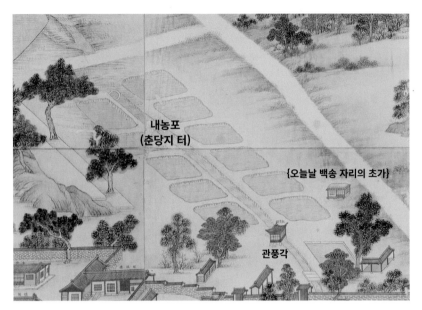

〈동궐도〉 – 내농포(춘당지) 일대

는 2칸짜리 초가 건물이 있을 뿐 주위에 나무는 보이지 않는다. 논에 그늘이 들지 않게 일부러 나무를 심지 않아서다.

오늘날 〈동궐도〉의 옛 초가 건물 자리에는 특별한 모습의 백송 3그루가 사람들의 눈길을 끈다. 일제강점기 말 서울의 어느 고등학교에 재직하는 선생님이 기증했다고 전해진다. 임업진흥원에서 조사한 나이는 90살에 가까우며 1935년경에 심은 것이다. 한 아름이 넘는 굵기에 3그루 모두 싱싱하고 건강하게 자라고 있다. 백송은 어릴 때는 껍질이 청록색이다가 나이가 들면 차츰 하얗게 되어간다. 마치 사람이 나이 먹어 머리가 세는 것과 마찬가지다.

백송은 원래 중국 중부와 북서부에 자라는 나무다. 원산지에서도

가까이서 본 춘당지 백송 1그루(북쪽). 흰 껍질이 뚜렷하다.

창경궁의 고목나무

춘당지의 백송 3그루

자연 상태로 만나기는 어려운 희귀수종이다. 특별한 모습 때문에 세계적
으로 널리 퍼져 정원수로 심고 있다. 우리나라 백송은 중국을 왕래하던 사
신들이 처음 가져다 심기 시작했다. 만나기 어려운 흰 나무껍질이 길조를
상징했으며, 흰색을 좋아하여 백의민족이라 불리는 우리의 정서에도 맞
아 예부터 귀한 나무의 대표였다. 우리나라에는 현재 서울 재동 헌법재판
소 안, 서울 수송동 조계사, 경기 고양 덕이동, 충남 예산 용궁리, 경기 이
천 신대리 등의 백송 고목 5그루가 천연기념물로 지정되어 보호받고 있
다. 이들 중 예산 용궁리의 일명 '추사백송'을 제외하면, 자라는 곳은 모두
서울·경기 지방이다. 중국을 왕래할 수 있는 고위 관리가 주로 서울·경기
에 살았던 탓일 터다. 그러나 궁궐 안에 백송을 심었다는 기록은 찾을 수

없다. 지금은 궁궐마다 백송이 한두 그루씩 자라지만 모두 최근에 심은 나무들이다.

공주가 그네 탔을(?) 창경궁 터줏대감 느티나무

춘당지의 남쪽에서 조금 더 내려오면 자판기와 간단한 의자가 놓인 쉼터가 있다. 귀퉁이에는 줄기 둘레가 세 아름에 이르는 고목나무를 만날 수 있다. 나이는 400여 살, 임진왜란 때 창경궁이 불타버리고 광해군 7년(1615) 다시 지을 때 심어서 오늘에 이르는, 창경궁에서 가장 오래된 터줏대감 나무로 추정한다. 오랜 세월을 살아오느라 모양새가 독특하다. 윗부분의 가지들이 뭉툭하게 잘려버리고 줄기는 한쪽으로만 껍질이 붙어 있으며 나머지는 온통 황갈색 물질로 덮여 있다. 대개 고목이 된 나무는 껍질과 안쪽의 목질부 사이에 있는 부름켜를 중심으로 링 모양으로 수 센티미터가 살아 있을 뿐 세포 대부분은 죽어 있다. 이 느티나무도 줄기 대부분이 죽고 껍질도 벗겨져서 비바람에 노출된 상태였다. 줄기 일부만 살아서 겨우 생명을 부지하고 있었다. 이에 창경궁 관리소에서는 죽은 목질부에 방수 처리를 하고 위에다 톱밥과 색소 및 폴리우레탄을 섞어서 나무껍질처럼 보이게 인공 수피 덮개를 만들어둔 상태다.

〈동궐도〉에서 이 일대를 찾아보면 임금이 내농포를 둘러보던 관풍각 아래 오관五觀과 화초고花草庫로 적힌 건물이 있다. 그 앞에 그려진 큰 나무가 바로 오늘날의 이 느티나무로 짐작된다. 마당에 꽃나무 몇 그루가 보이고 동쪽의 금천 옆에는 단풍나무를 비롯한 큰 나무들이 그려져 있다.

춘당지 남쪽 쉼터의 창경궁 터줏대감 느티나무. 위치한 곳이 효종 때 공주 처소로 조성된 요화당 터 주변이라, 공주의 그네놀이 나무로 짐작해 볼 수 있다.

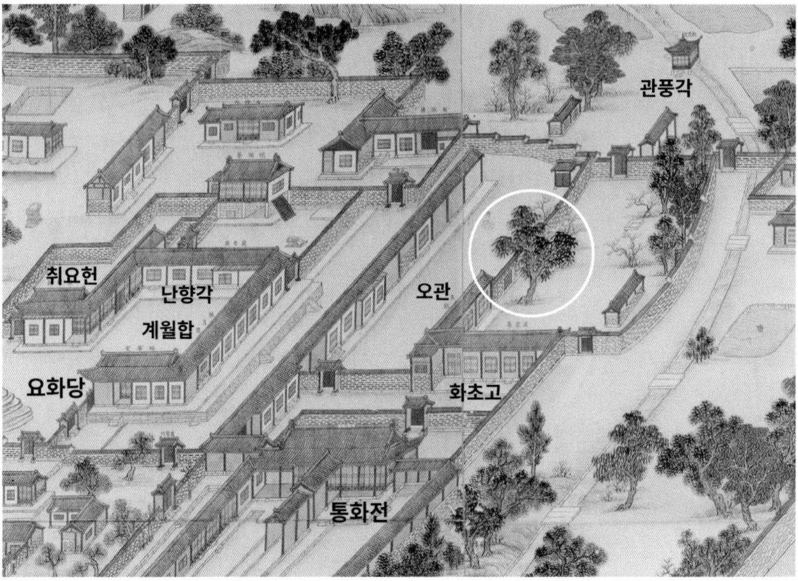

〈동궐도〉 – 창경궁에서 가장 나이가 많은 느티나무

꽃을 가꾸던 공간으로 짐작된다. 오관의 서쪽으로 길게 뻗은 행랑을 지나면 요화당瑤華堂과 취요헌翠耀軒, 난향각蘭香閣, 계월합桂月閤이란 이름을 단 전각이 ㅁ자로 모여 있다. 건물 이름이 어쩐지 여성적이다. 이유가 있다. 효종이 숙안, 숙명, 숙휘, 숙정 등 네 공주를 결혼시킨 다음에도 가까이 두고 싶어서 지은 전각이라고 하기 때문이다. 결혼한 공주를 신하들의 반대를 무릅쓰고 궁 안에 둘 만큼 유난히 '딸 바보'였던 효종은 어린 공주를 위한 놀이터가 필요했던 것 같다. 공주들의 처소 동쪽에 길게 뻗은 행랑을 지나면 궁궐의 다른 곳에서 볼 수 없는 특별한 공간이 나온다. 공주들의 출입을 쉽게 하기 위한 것으로 보이는 작은 샛문 하나를 통하여 안으로 들어가면 오관과 화초고 건물이 ㄴ자로 배치되어 있고 마당 오른편에도 창

<추천도> (전 신윤복, 19세기,
국립중앙박물관 소장)

고 건물이 하나 있다. 화초고는 꽃 화분이나 분재를 보관하던 건물로 추정
이 가능하다. 오관이나 창고 건물도 화분 보관 목적에 맞는 시설물이다.
화초고 앞은 몇 그루의 나무가 자라고 주위는 담장으로 둘러싸인 독립공
간이다. 마당 가운데는 꽃이 활짝 핀 진달래 3포기가 자라며 특히 눈에 띄
는 시설물은 사각형의 샘터다. 바로 옆이 금천이니 항상 일정한 수위의 물
이 고여 있는 곳이다. 화초고의 화분들에 물주기가 좋고 여름날 마당으로
화분을 꺼내놔도 샘물을 쉽게 이용할 수 있어서 관리에 편하다.

느티나무는 홀로 자랄 때는 하늘로 높이 자라기보다는 시골 마을의 당산나무에서 보듯이 가지를 옆으로 뻗어 수관을 넓히는 특징이 있다. 넓은 그늘을 만들어주므로 당시에도 여름날 공주들이 나무 아래서 모여 놀기 좋았을 것이다. 느티나무 고목에 그네를 매고 그네놀이를 하지 않았을까 싶다. 느티나무는 가지가 사방으로 잘 뻗고 재질이 단단하며 비교적 질겨서 그네를 매기에 적당하다. 정월대보름이나 추석 때 마을 앞 느티나무 고목에선 흔히 그네타기 놀이를 했다. 대전 괴곡동 천연기념물 제545호 느티나무에는 그네 타던 총각이 연못에 빠져 '어 풍덩'이란 별명을 갖게 되었다는 이야기가 전한다. 《다산시문집》에는 〈괴음추천槐陰鞦遷〉이란 시가 실려 있다.

느티나무 큰 가지 방초 언덕에 가로로 누워라
그넷줄을 드리우니 두 가닥이 가지런한데
바위 사이를 번개처럼 스쳐가는 게 두렵고
하늘 밖의 푸른 구름 나직함도 언뜻 보이네

원문의 한자 '괴槐'는 회화나무를 말하기도 하지만 풀 덮인 언덕에 비스듬하게 누웠다면 느티나무로 봐야 한다. 회화나무는 중국에서 수입해 궁궐이나 대감집 앞에 심는 나무이고, 느티나무는 우리나라 어디에서나 자연 상태로 흔히 자라는 나무이기 때문이다. 혜원 신윤복 작품이라 전해지는 〈추천도〉에서도 그네 타는 모습을 볼 수 있다. 그림 속 고목나무 껍질을 보면 마치 배롱나무처럼 보이나 나무의 크기나 호초점의 잎사귀 등으로는 느티나무에 더 가깝다.

이 느티나무는 지금은 세월을 이기지 못하여 〈동궐도〉의 모습과는 달리 굵은 가지는 부러져 없어지고 줄기의 대부분은 인공수지로 뒤덮여 형편없이 망가져 있다. 비록 역사적인 기록이 남아 있는 것은 아니지만 필자는 효종의 어린 공주들이 그네놀이를 하던 느티나무라고 추정하고 있다. 공주들의 집은 물론 화초고 건물 및 혼전으로 쓰이던 통화전通和殿 등 일대의 모든 전각들은 오늘날 흔적도 없이 사라졌다. 귀룽나무, 다릅나무, 오리나무 등 훗날 심은 나무들이 숲을 이루어 무심히 자라고 있을 따름이다.

환경전과 대장금 살구나무

창경궁의 여러 건물들은 왕대비나 왕비의 주로 여성 공간이었으나 환경전은 왕과 왕세자의 남성 공간이었다고 한다. 조선 11대 중종 임금과 비운의 소현세자도 환경전에서 승하했다고 알려져 있다. 중종은 의녀인 대장금을 주치의로 삼아 1544년 돌아가실 때까지 진료를 맡겼다. 대장금은 조선시대 의녀들 중 유일하게 왕의 주치의 역할을 했다.

현재 환경전 바로 뒤에는 꽤 큰 살구나무가 눈에 띈다. 나이는 60살 남짓하지만, 1980년대 초반 창경궁을 복원하면서 대장금의 간절한 바람을 기려 새로 심었다. 옛날 중국에 동봉董奉이란 의사는 환자를 치료해 주고 돈 대신 살구나무를 심게 하여 숲을 이루었다. 사람들은 이 숲을 행림杏林이라 부르고 병원이 있는 곳을 나타냈다. 하필이면 왜 살구나무를 심게 했을까? 맛있는 과일을 매달기도 하지만 살구씨가 중요한 약재로 널리 쓰였기 때문이다. 중종의 주치의였던 대장금도 틀림없이 살구씨를 약으로 썼

환경전 뒤 살구나무

을 것이다. 환경전 동쪽, 조금 떨어져 자라는 비슷한 크기의 산사나무도
살구나무와 같은 의미로 심은 것이다. 산사나무 열매를 산사자라고 하고
산사차를 만들어 다른 약과 함께 임금들도 마신 기록이 나온다.

숭문당 주목

숭문당의 남쪽 잔디밭 가운데는 그믐달처럼 줄기가 멋스럽게 휜 죽은 주
목에, 잎 몇 개를 달고 겨우겨우 생명을 이어가고 있는 또 다른 주목이 붙
어 얼마 전까지 자라고 있었다. 원래 한 나무였는데 한쪽 줄기가 먼저 죽

숭문당 주목의 과거 모습. 2023년에 고사하여 현재는 방부처리된 줄기만 볼 수 있다.

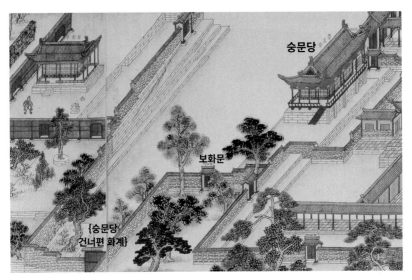

〈동궐도〉 – 숭문당 남쪽 보화문 안의 큰 나무는 지금의 주목과 자라는 위치가 일치한다.

으며 이렇게 떨어져 버린 것이다. 나이는 300살이 넘었었다.

〈동궐도〉에서 문정전 서쪽 문 밖 나무 몇 그루 중 보화문普和門 안 서쪽의 큰 나무는 자라는 위치가 이 주목과 일치한다. 그러나 고려대본과 동아대본 모두 잎사귀는 주목이 아니라 느티나무처럼 그려져 있다. 또 일 제강점기 이 일대는 동물원과 놀이시설을 만들면서 너무 많이 변형되어 주목의 위치 추정은 어렵다.

주목은 이름에서 알 수 있듯이 속살이 붉은 것이 특징이다. 붉은색 에는 사악한 귀신을 물리치는 벽사辟邪의 뜻이 있다. 창덕궁에는 주목이 많지만 창경궁에는 고목으로 살아남았던 주목은 이 나무밖에 없었다. 북 으로 경춘전, 함인정을 두고 숭문당, 문정진 등 창경궁에서 극히 중요한 건물에 둘러싸인 핵심 위치에서 오랫동안 보호받아온 것이다. 그러나 이

숭문당 건너편
화계의 회화나무와
향나무

주목은 2023년 여름, 생명이 다했다는 판정을 받았다. 지금은 몸체가 썩지 않게 방부처리를 하여 그대로 형해形骸만 보존하고 있어서 안타까움을 더한다.

이 주목의 길 건너편 화계 아래는 한 아름이 훌쩍 넘는 큰 향나무 1그루가 눈길을 끈다. 〈동궐도〉의 이 자리에도 역시 향나무가 보인다. 같은 나무라면 나이가 거의 300살은 되어야 한다. 그러나 여러 조사 결과에 따르면 지금의 향나무 나이는 200살 남짓이다. 아마 〈동궐도〉가 그려진 이후 새로 심지 않았나 싶다. 제사에 쓰이는 나무이니 창경궁에도 여럿이 있었을 것이나 지금 살아 있는 창경궁 향나무 중에는 가장 오래되었다. 바로 옆의 회화나무도 나이가 많은 고목처럼 보이나 실제는 100살이 채 안 되었다.

〈동궐도〉로 만나는 마랑·홍화문의 능수버들

〈동궐도〉를 펴놓고 보면 유난히 눈에 잘 띄는 나무가 있다. 막 피어나는 봄날의 늘어진 버들가지를 노오란 물감으로 멋스럽게 그려놓았다. 오늘날의 능수버들이다. 능수버들은 동쪽으로 홍화문과 선인문의 바깥부터, 궁궐에 쓰이던 말과 가마 등 탈 것을 관리하는 내사복시內司僕寺의 북쪽에 있는 긴 마구간인 마랑馬廊을 따라 여러 그루가 그려져 있다.

　　성종 15년(1484) 임금은 세 분의 대비를 모시기 위해 창경궁을 창건한 후 대비들의 사는 모습이 담 밖에서 안으로 바라보일까 염려했다. 주위에 능수버들과 같이 아무 곳에서나 잘 자라고 빨리 자라는 나무를 섞어 심어, 안이 들여다보이지 않게 하라고 했다. 대비들의 사생활을 보호하기 위함이다. 그러나 능수버들은 놀이터에 주로 심는 나무이므로 공조工曹에서는 과일나무와 함께 심기를 청하는 등 약간의 논란이 생겼다. 오래가면 하찮은 이런 일로 논란이 점점 커질 것 같다고 판단한 임금은 장원서 노예를 동원하여 빨리 능수버들을 심으라고 명령한다. 이때 심은 능수버들이 지

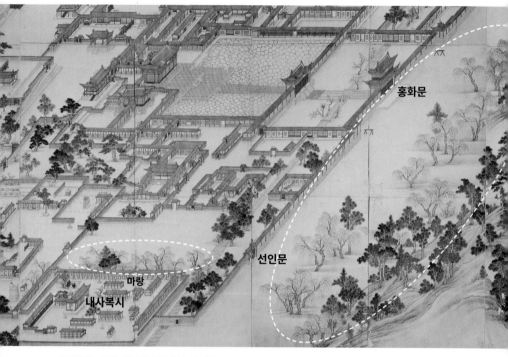

〈동궐도〉– 마랑 앞과 홍화문 밖 능수버들

금 남아 있는 것은 아니다. 다만 〈동궐도〉에 집단으로 그려진 홍화문 밖과
남쪽의 마랑 주변의 능수버들은 성종 때 심은 버들의 후손이 아닌가 싶다.
이 대목을 읽을 때마다 나는 대비들의 처지에서 다시 한번 생각하게 된다.
대비들은 선대 임금의 왕비로서 한때는 대궐의 안방마님이었다. 하지만
권력이 다음 임금에게로 넘어가 버리면 정든 살림집마저 내주어야 하는
처지였다. 창경궁으로 밀려난 대비들은 만년을 외롭게 보냈는데, 눈으로
나마 바깥세상 구경하는 것도 버들을 심어 막아버린 것은 아니었을까
싶다.

궐내각사 터, 동물원 자리에 자라는 버드나무

창경궁의 고목나무

춘당지 동쪽 둑의 능수버들

오늘날 마랑 앞의 능수버들은 일제강점기에 동물원을 만들면서 흔
적도 없이 사라졌다. 대신에 동물원 조성 당시에 띄엄띄엄 심은 버드나무
들이 나이 100살이 조금 넘는 고목나무가 되어 일대를 띄엄띄엄 지키고
있다. 그 외 〈동궐도〉 홍화문 앞의 20여 그루에 이르는 멋스런 능수버들은
모두 없어져 버렸다. 그래도 오늘날 능수버들의 아쉬움을 달래주는 나무
들은 춘당지 동쪽 둑을 따라 자라는 몇 그루다. 물론 일제강점기 춘당지를
파고 난 다음 심은 나무지만 멀리서 바라보면 없어져 버린 〈동궐도〉 능수
버들의 아쉬움을 조금이나마 달래줄 수 있을 만큼 운치도 있고 충분히 아
름답다.

사도세자의 비극을 지켜본 선인문 회화나무

창경궁 정문인 홍화문에서 궁궐 담장을 따라 100m 남짓 남쪽으로 내려오면 규모가 훨씬 작은 또 다른 출입문이 하나 있다. 지금은 사용하지 않지만 하급 관리들이 주로 이용하였던 문이다. 아울러 궁궐 안에 죽음이 있을 때 시신이 나가는 비극의 문이기도 했다. 선인문 앞의 회화나무 고목 1그루는 우리가 잘 아는 사도세자의 비극과 관련이 있다.

조선 영조 38년(1762) 윤5월 13일, 양력으로 7월 4일의 창경궁에서 일어난 비극적인 사건을 임오화변壬午禍變이라 부른다. 어렵게 말할 것이 없다. 아비가 아들을 자기 손으로 죽여버린 비극적인 사건이다. 주로 경희궁에 머물던 임금은 어느 날 갑자기 문정전 앞뜰로 사도세자를 호출한다. 처음엔 아비인 임금을 죽이려 했다는 누명을 씌워 자결을 명했다. 신하들의 만류로 실행이 어려워지자 뒤주를 가져다놓으라고 한다. 살려달라는 세자의 애원은 아랑곳하지 않은 채 뒤주 속에 가둔다. 야사에는 영조가 자기 손으로 뚜껑에다 못을 박았다고 하며 뒤주 위에는 풀을 두껍게 덮었다고 한다. 어쨌든 초여름의 무더운 날씨에 뒤주 속은 연옥이 따로 없었을 것이다. 아무리 스물일곱의 청년 사도세자라도 버티기 어렵다. 결국 8일 만에 세자는 죽어버린다. 뒤주를 놓아둔 장소는 문정전 앞, 선인문 안쪽, 승문원 등 여러 이야기가 있다. 그러나 정황으로 봐서 사도세자는 문정전과 선인문 사이의 어느 곳에서 최후를 맞이한 것 같다.

뒤주 속에 갇힌 여드레 동안 세자의 참혹한 비명이 온 궁궐에 퍼져나갔다. 사람들은 물론 산천초목까지 소름끼치게 했다. 당시의 현장을 보고 들은 사람들은 벌써 한 줌의 흙이 되었다. 그러나 묵묵히 아직도 몸체

선인문 회화나무. 속은 완전히 썩어버렸고 줄기도 셋으로 갈라져 있다.

깊숙이 쓰라린 아픔을 간직한 채 자리를 지키고 있는 생명체가 있다. 당시 창경궁에 자라고 있던 나무들 중 지금도 살아 있는 고목나무 몇 그루가 바로 그들이다. 선인문 앞 금천에 걸친 작은 돌다리 곁의 늙은 회화나무는 비극의 처음과 마지막을 모두 지켜봤을 몇 고목나무 중의 대표다. 나이 300살 정도로 당시 50살 남짓했던 이 나무의 모습은 〈동궐도〉에 생생히 살아 있다. 고려대본에 보면 춘엽점椿葉點이라는 점법을 사용하여 오늘날

〈동궐도〉
(① 선인문 회화나무
② 명정전 남쪽 행각 앞
회화나무)

의 세밀화 수준으로 상세히 그렸다. 당시의 화가들도 사도세자의 비극의 현장은 잘 알고 있었을 터, 나무 하나라도 더 정성을 쏟아 그리지 않았나 싶다. 원래 회화나무는 20m를 넘겨 자랄 수 있으나 선인문 앞의 회화나무 는 현재 키 4m 남짓이다. 나무줄기 속은 완전히 썩어버려, 받침대 지팡이 에 의지하여 구부정한 허리를 겨우 버티고 있으며 줄기도 갈라져 3그루처 럼 보이기도 한다. 나무속이 썩으면서 셋으로 분리되었을 뿐 한 줄기의 같 은 나무다. 우리는 흔히 안타깝고 괴로운 일이 연속되면 '속이 새까맣게

창경궁의 고목나무

명정전 남쪽 행각 앞 회화나무

탄다'고 이야기한다. 사람들은 이 회화나무도 사도세자의 비극을 보고 가슴속에 피멍이 들어 속살이 모두 썩어 없어진 것 아니냐고들 말한다.

이 일대에 사도세자의 죽음을 알고 있는 또 다른 회화나무 1그루가 더 있다. 〈동궐도〉에서 살펴보자. 북쪽으로 있는 건물이 정조 때 새로 만든 정리자整理字 활자를 보관하던 규영신부奎瀛新府다. 뒤 담장과 잇대어 임금의 활을 만들던 내궁방內弓房 앞에는 담장에 가려 윗부분만 둘로 보이는 큰 나무가 그려져 있다. 오늘날 명정전 남쪽 행각 앞에 V자로 줄기가 갈라져 자라는 회화나무 고목이다. 그래도 이 회화나무는 속이 훨씬 덜 썩었다. 나이는 300살이 넘었으니, 이 나무도 선인문 회화나무와 마찬가지로 사도세자의 비극을 보고 들은 나무다. 오히려 비극의 현장과 더 가까워 생생한 현장 목격자다.

| 〈동궐도〉 고려대본과 동아대본의 나무 |

고려대본과 동아대본 〈동궐도〉는 같은 그림이라고 알려져 있다. 화면의 규격, 구도와 배치, 화풍, 건축물·조경·각종 시설물의 모습과 표현이 거의 같으며 동일한 화본畵本을 사용했다는 것이다. 특히 건축물의 경우는 양 〈동궐도〉는 거의 완벽하게 같다. 다만 벽체나 담장의 돌 표현, 기단의 방전方磚 표시, 박석의 모양, 계단의 층수, 통명전의 주춧돌 개수, 건물 출입문의 모양 등 아주 사소한 부분의 차이가 있다. 그 외 염고鹽庫나 장독대의 개수, 건물명이 쓰인 위치 등 무시해도 좋을 미세한 차이가 있을 뿐이다.

그러나 양 〈동궐도〉의 나무는 꼭 같지는 않다. 〈동궐도〉에서 분간할 수 있는 20여 종의 수종을 기준으로 고려대본과 동아대본을 비교해 보면 잎 모양이나 나무 모습에서 다른 점을 수없이 찾을 수 있다. 우선 나무의 얼굴인 잎 모양이 소나무 등 일부 수종을 제외하면 양 〈동궐도〉에서는 같은 위치에서도 일치하지 않는 경우가 흔하다.

고려대본과 동아대본에서의 나무 비교

〈동궐도〉 고려대본과 동아대본에서 같은 위치임에도 수종이 다르게 그려진 나무의 수를 정리하면 표 1과 같다.

구분		추정 수종	수종이 다르게 그려진 나무 숫자	
			고려대본	동아대본
바늘잎나무		소나무	8	26
		주목	22	8
		측백나무	3	0
		전나무	1	0
		은행나무	1	0
		소계	35	34
넓은 잎나무	청록 잎 넓은 잎나무	귀룽나무	58	31
		단풍나무	30	23
		음나무	41	20
		소계	129	74
	일반 넓은 잎나무	느티나무	23	18
		참나무	62	110
		상수리나무·밤나무 등	17	22
		회화나무	7	5
		소계	109	155
	꽃나무 넓은 잎나무	매화나무·복사나무 등	1	1
		살구나무	1	4
		꽃나무	13	11
		소계	15	16
계		-	288	279
기타		작은키나무·참나무 숲	26	4
		빈터	16	38
		소계	42	42

표 1 고려대본과 동아대본의 서로 다른 주요 수종 일람표

〈동궐도〉 고려대본과 동아대본의 나무

표 1과 같이 고려대본에서 288그루, 동아대본에서 279그루가 동일한 위치에서 서로 다른 나무로 묘사되어 있다. 작은키나무나 참나무 숲은 각각 26곳과 4곳, 빈터는 16곳과 38곳이 서로 다르다. 〈동궐도〉의 전체 나무 숫자를 조사한 자료를 보면 총 4075그루이므로 이를 기준으로 고려대본은 7.1%, 동아대본은 6.8%가 서로 다른 나무임을 알 수 있다. 이와 같이 동일 위치에서도 양 〈동궐도〉가 서로 다른 수종이 그려진 경우를 좀 더 구체적으로 알아보자.

바늘잎나무와 넓은잎나무는 잎 형태가 완전히 다른데도 고려대본 바늘잎나무 35그루를 동아대본에서는 넓은잎나무로 바꾸어 그렸다. 반대의 경우는 34그루다. 특히 소나무는 고려대본의 8그루만 동아대본에서 넓은잎나무로 바뀌어 있고 동아대본은 3배가 넘는 26그루가 고려대본에서는 넓은잎나무가 되어 있다. 이는 동아대본에서는 값비싼 청록물감이 덜 필요하고 먹으로 그리기에 상대적으로 쉬운 소나무를 많이 그려 넣은 탓으로 생각된다. 반면에 주목은 고려대본의 22그루가 동아대본에서 넓은잎나무로 바뀌고 동아대본의 8그루만 주로 청록 잎 넓은잎나무가 되어 소나무와는 정반대의 양상이다. 그 외 측백나무, 전나무, 은행나무를 포함하면 바늘잎나무는 고려대본 35그루, 동아대본 34그루가 넓은잎나무로 그려져 있다. 이름 그대로 바늘잎나무는 잎이 바늘 같은 나무이며 넓은잎나무는 잎이 손바닥처럼 넓적한 나무다. 누구나 쉽게 차이를 알 수 있으므로 화가들이 혼동하여 다르게 그렸다고는 보기 어렵다.

구분	고려대본	동아대본	고려/동아 백분율(%)
귀룽나무	102	76	75
음나무	43	28	65
단풍나무	47	42	89
계	**192**	**146**	**76**

표 2 고려대본 및 동아대본의 청록 잎 넓은잎나무의 분포 비율

넓은잎나무의 경우 청록 잎을 가진 나무는 대부분 귀룽나무·단풍나무·음나무로 추정한다. 우선 표 1에서 청록 잎 넓은잎나무가 양 〈동궐도〉에서 일치하지 않은 경우를 알아본다. 고려대본의 129그루가 동아대본에서는 다른 넓은잎나무로 묘사되어 있는데 비하여, 반대의 경우는 74그루에 불과하다. 수종별 경향도 비슷하다. 이는 고려대본이 이른 봄날 궁궐에서 눈에 잘 띄는 귀룽나무·단풍나무·음나무 등을 더 강조하기 위하여 잎에 청록색이나 밝은 청색 및 진한 녹색을 많이 썼기 때문이다.

다음은 표 2에서 청록 잎 넓은잎나무의 양 〈동궐도〉 전체 분포 비율을 알아본다. 고려대본이 192그루, 동아대본이 146그루로서 역시 고려대본이 훨씬 많다. 수종별로는 귀룽나무와 음나무가 고려대본에서 많고 단풍나무는 차이가 그리 크지 않다. 이는 유난히 청록 잎을 강하고 진하게 그린 귀룽나무나 음나무를 고려대본에서 쉽게 찾아낼 수 있는 이유이고, 고려대본의 전체적으로 강한 설채設彩를 금방 알 수 있는 이유이기도 하다.

일반 넓은잎나무의 경우 느티나무·상수리나무(밤나무 포함)·

참나무·회화나무 등은 양 〈동궐도〉에서 서로 다른 수종으로 그리고 있다. 다만 참나무는 고려대본보다 거의 80%나 동아대본이 더 많다. 즉 고려대본에서 청록 잎 넓은잎나무 등 비싼 물감이 들거나 정밀한 그림은 동아대본에서 간단하고 단순한 참나무로 많이 나타낸 것으로 볼 수 있다.

꽃나무는 비교적 키가 큰 매화나무나 복사나무 및 살구나무와 진달래·영산홍·산철쭉 등의 자그마한 나무들을 말하며 능수버들, 청록 잎 넓은잎나무에 이어 〈동궐도〉를 화사하게 보이게 하는 포인트이기도 하다. 꽃나무의 경우 양 〈동궐도〉에서 서로 다른 나무로 그려진 경우가 많지 않다. 다만 동아대본에서는 꽃나무를 없애고 빈터로 남겨두기도 했다.

그 외 작은키나무·참나무 숲의 경우 고려대본의 26개소를 동아대본에서는 없애거나 다른 나무가 자라는 것으로 처리했으나 반대의 경우는 4개소에 불과하여 거의 6배나 차이가 난다. 또 고려대본에는 나무가 있으나 동아대본에는 빈터로 처리해 버린 경우는 고려대본 16개소보다 반대의 경우인 동아대본 38개소가 두 배를 훨씬 넘는다. 전체적으로 고려대본의 나무나 숲이 동아대본에서 더 많이 생략되었다. 나무가 생략되면서 동아대본이 좀 더 소략해 보이게 된 것 같다. 고려대본에 있던 숲을 동아대본에선 없애면서 여러 겹의 산등성이를 줄여서 한두 겹의 산등성이로 만들어 지형이 단순해지고 숲이 단조로워져 있는 경우도 많다.

고려대본과 동아대본 나무의 특징

고려대본과 동아대본을 같이 놓고 펼쳤을 때 먹으로 바탕을 그린 다음 색을 칠하는 설채의 차이가 가장 먼저 눈에 들어온다. 전체적으로 고려대본은 설채가 진하고 사용된 채색의 종류가 많으며 명확하고 산뜻한 반면, 동아대본은 설채가 연하고 채색의 종류도 단순하며 약간 침침한 맛이 난다. 건축물과 나무를 나눠 비교해 보면 건축물은 붉은색과 녹색을 사용하였으며 설채의 농담 차이는 인정되나 양 〈동궐도〉가 거의 비슷함을 알 수 있다. 그러나 나무를 따로 떼어 놓고 보면 차이점이 많다. 우선 채색이 다르다. 고려대본, 특히 넓은잎나무의 경우 청록색이나 밝은 청색 및 진한 녹색을 많이 썼으며, 동아대본은 어두운 녹색이나 녹갈색을 위주로 하여 농담에 변화를 주는 정도로 처리했다. 고려대본이 채색이 강하게 보이는 이유는 여기서 찾을 수 있다. 전체적으로 동아대본은 청록 물감을 훨씬 덜 들인 것으로 보이며 숲이 우거진 맛이 덜하고 공간이 많아 소략하다.

• 개개의 나무나 숲의 수종이 바뀐다.

개개 나무의 수종이 바뀌는 경우가 흔하다. 예를 들어 고려대본의 참나무 등 넓은잎나무가 동아대본에서는 바늘잎나무인 소나무가 되기도 한다. 집단을 이루는 숲에서도 마찬가지로 수종 전체가 바뀌기도 한다. 주로 고려대본의 참나무 숲이 동아대본에서는 소나무로 변하는 예가 많다.

〈동궐도〉 고려대본과 동아대본의 나무

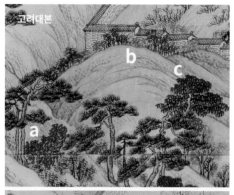

고려대본

a(수종이 바뀜)
고려대본: 단풍나무
동아대본: 어린 참나무

b(수량이 바뀜)
고려대본: 어린 참나무숲 긴 띠
동아대본: 빈터로 처리되고
나무 숫자 감소

동아대본

c(수종과 수량 모두 바뀜)
고려대본: 상수리나무
동아대본: 참나무+소나무

〈동궐도〉– 대보단 밖 서남쪽
능선

• 나무의 숫자가 다르다.

고려대본과 동아대본의 특정 지역 나무의 숫자가 다른 경
우다. 대체로 동아대본에서는 고려대본보다 나무의 숫자가 줄어
드는 경향이 있다(b). 때로는 바늘잎나무가 넓은잎나무가 되는 등
수종이 변하고 한 그루가 둘이 되어 더 많아지기도 한다(c). 이와
같은 차이는 소나무 숲에서 자주 만날 수 있고 가끔 참나무 숲에
서도 볼 수 있다.

d(줄기 모양 바뀜)
고려대본: 휜 줄기
동아대본: 곧은 줄기

e(줄기 모양 바뀜)
고려대본: X자 두 줄기
동아대본: 11자 두 줄기

〈동궐도〉– 자경전 환취정
북쪽 담장

• 동아대본에선 휜 줄기가 곧은 줄기가 된다.

고려대본에서 휘어 있는 줄기가 동아대본에서는 곧은 나무가 되는 경우다(d). 반대의 경우도 있지만 동아대본에서 더 흔히 볼 수 있다. 곧은 줄기가 그리기 쉽고 품이 덜 들기 때문으로 짐작된다.

• X자의 두 나무줄기가 동아대본에선 11자가 된다.

고려대본에서 X자로 포개져 그린 두 나무줄기가 동아대본

f(위치 변동 및 수종 바뀜)
고려대본: 담장 안 소나무
2그루+꽃나무
동아대본: 담장 밖 참나무

g(위치와 그루 수 변동)
고려대본: 소나무 2그루+
관목+참나무
동아대본: 소나무 3그루+
빈터

h(담장 밖 나무와 빈터)
고려대본: 담 너머 참나무
동아대본: 빈터로 단순화

〈동궐도〉 – 수정전 동북쪽
담장

에서 서로 떨어져 곧게 그린 경우다(e). 아마 X자로 그리는 것보다
더 쉽게 간단히 그릴 수 있었던 탓으로 보인다.

• 자라는 위치가 달라진다.

　고려대본의 담장 안에 있던 나무가 동아대본에서 담장 뒤
로 옮겨지고 수종도 변하는 경우다(f). 담장 뒤로 가면 윗부분만
그릴 수 있어서 노력이 덜 들 수도 있다. 아예 담장 안팎의 나무를
생략해 버리기도 하며(g, h) 담장과 일정한 거리를 둔 나무를 담장

i, j(위치 뒤바뀜)
고려대본: i 귀룽나무, j 주목
동아대본: i 주목, j 귀룽나무

k(꽃나무 생략)
고려대본: 꽃나무 여러 그루
동아대본: 빈터

〈동궐도〉 – 규장각 동쪽 궁장
너머 언덕

에 붙여 그리기도 한다. 역시 단순화하고 노력을 덜 들일 수 있는 탓으로 짐작된다. 또 같은 장소에서 나란히 자라는 나무의 위치를 서로 바꾸어 그리기도 했다(i, j).

• 지형이 변하거나 소나무로 단순화한다.

고려대본의 작은 언덕이나 계곡이 동아대본에서는 없어져 빈터가 되거나 숲으로 처리되는 경우다. 또 고려대본의 넓은잎나무, 참나무 숲, 작은키나무 숲, 소나무 등의 나무와 좀 복잡한 지형

〈동궐도〉 고려대본과 동아대본의 나무

l(지형 단순화)
고려대본: 작은키나무 숲+
작은 계곡 언덕
동아대본: 빈터+단순 언덕+
아래 소나무의 키 늘리기

〈동궐도〉– 연경당 북쪽 숲

을 동아대본에서는 소나무로 통일하고 지형이 단순화되어 있다(k, l, m, n).

· 고려대본이 현존 수종과 잎 모양이 더 유사하다.

〈동궐도〉에서 지금도 살아 있는 고목나무 중 금천교 느티나무, 존덕정 은행나무, 선인문 회화나무 등은 잎 모양이 고려대본과 거의 유사하나 동아대본은 대부분 전혀 엉뚱한 잎 모양을 하고 있다.

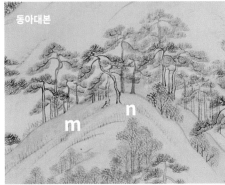

m(소나무로 통일)
고려대본: 귀룽나무+소나무+
작은키나무
동아대본: 소나무

n(수종 단순화)
고려대본: 소나무+
작은키나무 숲
동아대본: 소나무+빈터

〈동궐도〉– 대보단 밖 서남쪽
능선

　　전체적으로 고려대본은 동아대본보다 넓은잎나무 잎에 청
록색이나 밝은 청색 및 진한 녹색을 많이 쓰고 채색의 종류가 많
으며 비교적 명암대비가 명확하다. 오늘날도 살아 있는 느티나무
나 회화나무 등 몇몇 고목나무를 〈동궐도〉에서 비교해 봐도 고려
대본이 실제에 가깝게 묘사되어 있다. 따라서 고려대본이 수종마
다의 특징이 비교적 잘 나타나므로 나무의 종류를 찾기에는 더 유
용하다. 또한 고가의 청록색 물감을 더 많이 쓴 고려대본이 물감
을 적게 쓴 동아대본보다 훨씬 고급스러워 보이며 더 보기가 좋다.

〈동궐도〉 고려대본과 동아대본의 나무

景福宮

경
복
궁

1915년경 조선물산공진회장이 된 경복궁. 왼쪽 하단에 근정문 일부가, 오른쪽에 광화문이 보인다. 행사 건물이 들어서며 주요 전각과 나무들이 사라졌다. (《조선물산공진회보고서》)

1392년 조선왕조를 세운 태조 이성계는 새 나라를 연 지 3년 만인 1395년에 경복궁을 완공한다. 조선의 첫 궁궐로서 정궁正宮, 법궁法宮이라고도 부른다. 그러나 약 200년이 지난 1592년 경복궁은 임진왜란으로 다른 궁궐과 함께 잿더미가 되어버린다. 이후 복원하지 않고 270여 년 동안 빈터로 남겨두었다가 고종 2년(1865) 흥선대원군에 의하여 330동 7200칸 규모로 중건된다.

　중건하면서 정문인 광화문에서 흥례문, 근정전, 사정전, 강녕전, 교태전, 자경전 등에는 거의 나무를 심지 않았다. 임금님의 안전을 고려하여 자객이 숨을 수 있는 공간을 없애기 위함이었다. 반면에 고종이 따로 거처하던 건청궁과 서재인 집옥재, 휴식 공간

인 향원정, 외국 사신을 접대하고 연회를 열던 경회루, 왕실의 제
례에 쓰인 태원전 등에는 주위에 나무를 많이 심어 지금도 작은
숲으로 남아 있다. 궁궐이 빈터로 있는 동안은 자연적으로 자라는
소나무나 느티나무, 참나무 등의 큰 나무도 있었을 것이다. 그러
나 궁궐을 중건하면서 땅을 고르는 기초공사와 작업 편의를 위하
여 당시까지 남아 있던 나무들을 모두 베어버렸다. 경복궁을 중건
할 때 다시 심은 나무들은 일제강점기를 거치면서 또 수난을 맞는
다. 나라를 빼앗긴 5년 뒤 1915년 조선물산공진회가 경복궁에서
개최되고 1929년에는 조선박람회까지 열리면서, 전각 대부분이
철거되고 중건 때 심은 나무들도 거의 사라졌다. 곧이어 조선총독

부 건물을 짓는 과정에서 일부 남아 있던 나무마저 없어졌다.

따라서 오늘날 경복궁에 아름드리로 자란 나무가 여럿 있지만, 대부분 일제강점기에 심었거나 광복 후 우리 손으로 복원하면서 심은 나무들이다. 현재 큰 나무가 76종 2600여 그루가 자라며 가장 많은 소나무를 비롯하여 단풍나무, 주목, 은행나무 등을 만날 수 있다. 그 외 작은키나무와 덩굴나무는 40여 종 4천여 그루에 이른다.

현재 경복궁에는 일제강점기 초에 심은 것으로 추정되는 은행나무, 느티나무, 뽕나무, 버드나무 등과 경회루 연못 북쪽 언덕의 이승만 대통령이 지은 하향정荷香亭 주위에 자라는 회화나무 등이 있다. 그 외 아름드리 큰 나무로는 자경전 옆의 비술나무, 수정전 앞의 말채나무, 향원정의 상수리나무와 회화나무, 민속박물관 앞의 꽃개오동 등을 만날 수 있다. 한 아름 남짓한 굵기에 제법 고목나무 티가 나지만 대부분 광복 후 우리 손으로 경복궁을 복원하면서 심은 나무들이 대부분이다. 한편 경회루 서쪽에서 태원전 주변까지 수십 그루의 금강소나무가 자라고 있다. 2000년대 초 한때 대통령 경호부대였던 30경비단이 철거된 일대에 집옥재와 태원전을 복원하면서 같이 심었다고 한다. 강원도 속초 부근의 도로공사에서 나온 나무들이며 지금 나이는 70~80년 정도다.

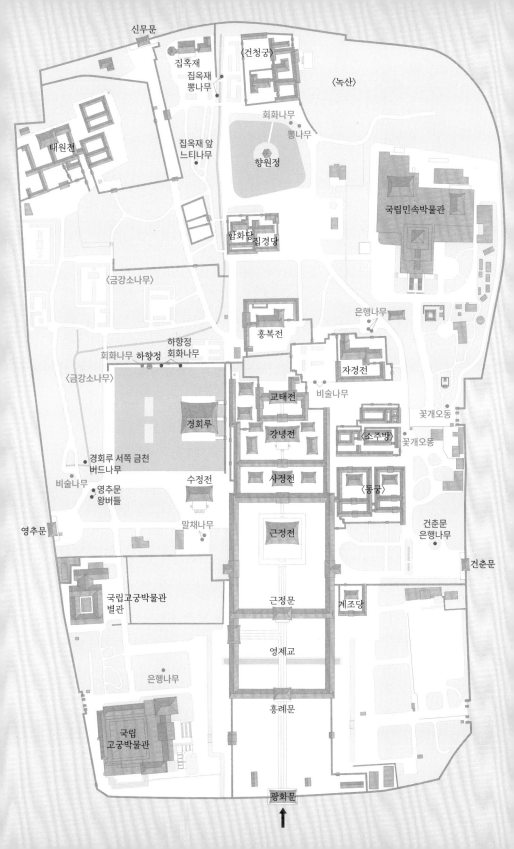

01　현재의 경복궁

건춘문 은행나무

일제강점기인 1918년 3월 11일, 2대 조선총독 하세가와 요시미치長谷川
好道가 경복궁에 은행나무를 심었다는 기사가 《매일신보》에 실려 있다.
오늘날 건춘문 안쪽에 키 24m, 줄기 둘레 3.6m, 두 아름이 훌쩍 넘는 큰
은행나무 고목과 국립고궁박물관 뒷마당에 자라는 키 18m, 줄기 둘레 약
3m의 은행나무 고목은 이때 심은 것으로 짐작된다. 나이를 조사한 자료
에 따르면 공교롭게 나라를 빼앗긴 1910년경에 태어난 나무라고 하니 아
픈 역사를 한 번 더 되돌아보게 한다. 따라서 지금의 나이는 110살이 조금
넘은 셈이다.

　　한국전통문화대학교 이선 교수는 이 은행나무들의 생김새에 주목
하여 일본식으로 키운 나무라고 진단한다. 두 은행나무는 아래서부터 부
챗살처럼 가지가 뻗어 둥그스름한 모양인데, 은행나무 본래의 형태가 아
니라 일본인들의 정형화된 가지치기 방식으로 원줄기를 1~2회 잘라 관리
했기 때문에 이런 모습이 되었다는 것이다. 우리나라는 은행나무가 자연
스럽게 자라도록 그대로 두어, 용문사의 천연기념물 제30호 은행나무나

건춘문 은행나무. 부챗살처럼 가지가 뻗어 둥그스름한 모양이다.

경복궁의 고목나무

천연기념물 제30호
양평 용문사 은행나무

함양 운곡리의 천연기념물 제406호 은행나무처럼 고목도 전체적으로 곧
고 길쭉하거나 약간 긴 타원형을 나타내는 게 전형적이다. 드물게 원주 반
계리의 천연기념물 제167호 은행나무처럼 반원형의 모양새를 하는 경우
도 있으나, 이는 벼락을 맞거나 바람에 줄기가 부러지는 등 자연재해를 겪
은 탓이다. 경복궁의 두 은행나무 고목은 온갖 악행을 저지른 조선총독이
조선의 첫 궁궐에 심었다는 사실과, 모양새마저 일제 잔재를 연상시켜서

자경전 뒤 은행나무 3그루

볼 때마다 싹둑 잘라버렸으면 좋겠다는 생각을 해본다. 그러나 나무에게
는 아무런 죄가 없다. 그저 씁쓸할 뿐이다.

건춘문 은행나무에서 조금 떨어진 동궁 영역에는 역사의 현장을
지키던 은행나무 이야기가 전해진다. 중종 22년(1527) 세자의 생일에 쥐의
사지와 꼬리를 자르고 입·귀·눈을 불로 지져 동궁의 북쪽 뜰 은행나무에
걸어놓고 동궁을 저주한 사건을 '작서灼鼠의 변'이라고 한다. 당시의 은행
나무가 자라던 곳으로 추정되는 자경전 뒤 빈터에는 1990년대 경복궁을
정비하면서 심은 은행나무 몇 그루가 무심히 자리를 지키고 있다. 키
14m, 줄기 둘레 2.1~2.7m에 이르는 3그루는 제법 고목나무 맛이 난다.

경복궁의 고목나무

집옥재 뽕나무

세종 5년(1423) 잠실을 담당하는 관리가 임금께 올린 공문에는 "뽕나무는 경복궁에 3590그루, 창덕궁에 1천여 그루, 밤섬에 8280그루가 있으니 누에 종자 2근 10냥을 먹일 수 있습니다"라는 내용이 있다. 경복궁 전체 면적이 약 43만 3천m²이니 약 121m²마다 뽕나무가 1그루씩 있었던 셈이다. 전각과 뜰 등 필수 공간을 빼고는 빈터마다 뽕나무를 심었던 것이다. 임진왜란 때 경복궁이 불탄 다음에도 뽕나무와의 인연은 이어졌다. 영조 43년(1767)에 작성한 《친잠의궤》에는 계비 정순왕후가 경복궁에서 친잠례를 하는 내용을 기록하고 있다. 왕후는 의식 하루 전에 내외명부와 함께 경복궁으로 가서 하룻밤을 세우면서 이튿날 아침의 의식을 준비했다. 강녕전 옛터 동쪽에는 선잠단과 채상단을 설치하였으며 19세기에 제작된 것으로 추정되는 〈경복궁도〉에는 정해년 친잠례에 영조가 직접 글씨를 새긴 비석인 정해잠비丁亥蠶碑가 그려져 있다.

청와대 연풍문 안쪽 버들마당에서 땅속으로 들어가는 북악산 실개천은 신무문 동쪽 궁장 밑으로 빠져나와 집옥재와 건청궁 사이에서 다시 개울을 이루어 흐른다. 이 개울둑 양옆에는 키 20m, 줄기 둘레 2.2m에 이르는 뽕나무 고목 2그루가 자라며 향원정 동북쪽 둑에는 비슷한 크기의 뽕나무 1그루가 더 있다. 이 일대는 12.12 군사반란을 모의하던 '30경비단'이 박정희 시대부터 1996년까지 있던 곳이다. 일반인들이 출입을 할 수 없었던 덕에 보존이 잘 되었다. 하지만 이 뽕나무들이 친잠례 흔적을 찾을 수 있는 고목나무는 아니다. 개울가이거나 지대가 낮아 땅이 깊고 수분이 많으며 비옥한 곳이라 빨리 자랐을 뿐, 굵기에 비해 나이가 그렇게 많지는

집옥재와 건청궁 사이의 개울 옆에 자라는 뽕나무

경복궁의 고목나무

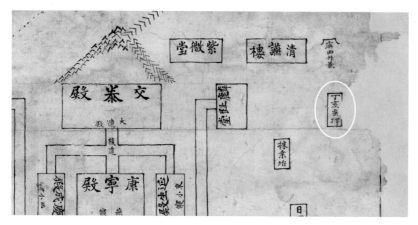

조선 전기 〈경복궁도〉(19세기, 서울역사박물관 소장) 부분에 보이는 정해잠비

않다. 대체로 1915년 개최된 조선물산공진회 이후에 심긴 것으로 추정하면 나이는 100여 살이다.

　한편 후원인 청와대 자리에도 성종 10년(1479), 13년(1482), 18년(1487)에 뽕나무를 심으라는 임금의 특별지시가 있었다. 그러나 오늘날 청와대 외곽도로에 한 아름이 채 안 되는 줄기 둘레 1m 남짓한 뽕나무가 자랄 뿐이고 청와대 경내에도 역시 큰 뽕나무를 만날 수 없다.

집옥재 앞 느티나무

향원지 서쪽 개울 건너, 집옥재 앞 빈터에는 키 12m, 줄기 둘레는 두 아름이 훌쩍 넘어 3.6m에 이르는 느티나무 1그루가 주변을 압도하면서 자라고 있다. 줄기가 곧게 올라가서 가지를 사방으로 펼쳐 전체적으로 원뿔형

274

집옥재 앞 느티나무

경복궁의 고목나무

의 아름다운 모습이다. 홀로 자라는 느티나무 고목의 전형적인 형태이며, 여름날 넉넉한 그늘을 만들어주는 궁궐의 대표적인 쉼터 나무다. 전통문화대 이선 교수의 조사에 따르면 1890년경부터 자라는 것으로 추정되므로 지금 나이는 130여 살이다. 가까운 건청궁에서 1895년 명성황후가 시해되었으니 왕조의 운명이 백척간두일 때 터를 잡은 셈이다. 조선왕조가 몰락해 가는 아픈 역사를 말없이 지켜본 현장나무다.

느티나무는 우리나라 당산나무로 흔히 만날 수 있으며 천 년을 넘겨 오래 사는 나무로 유명하다. 경복궁을 지을 때 심은 나무가 있다면 나이 600살이 넘을 것이다. 그러나 임진왜란 때 불타버리고 고종 연간에 복원하는 험난한 역사의 소용돌이에 경복궁의 그때 그 나무는 깡그리 없어져버렸다. 이제 살아 있는 나무 중에는 이 느티나무가 경복궁에서 가장 나이가 많은 나무다. 나이 130살이라면 나무 나라에서는 그렇게 많은 나이도 아닌데, 조선왕조 법궁인 경복궁에서 최고의 어른 행세를 해야 하니 그의 처지가 안쓰럽다.

경회루 버들

경회루 연못 둘레에는 능수버들이 주로 자라고 버드나무도 섞여 있으며 영추문 쪽으로 조금 떨어져서 왕버들도 보인다. 이 버들 종류 중 경회루 서쪽 금천가에 자라는 키 20m, 줄기 둘레 4.2m의 버드나무가 경복궁에 자라는 버드나무 중에는 가장 굵다. 대체로 일제강점기 초부터 자라는 것으로 짐작되므로 지금 나이는 100살이 조금 넘었다. 북악산 계곡에서 흘

경회루 서쪽 금천의 버드나무

경복궁의 고목나무

러내린 실개천이 향원정 연못에 잠시 머문 다음 다시 흘러 일부는 경회루 연못으로 들어오고 나머지는 서쪽 개울로 빠져나간다. 버들이 살기에 딱 좋은 환경이며 연못을 처음 만들고도 버들을 많이 심었을 터다. 영추문 일대를 촬영한 1920년대 사진을 보면 문 안쪽으로 가지가 약간 늘어져 보이는 왕버들 1그루가 찍혀 있다. 그때 그 나무라고 단정하기는 어렵지만 오늘날도 같은 자리에 아름드리 왕버들 2그루가 자라고 있다.

옛날에는 비가 오지 않으면 임금님이 가장 애가 탔다. 전국의 명산대천, 길지를 찾아 기우제를 지냈다. 직접 주관하기도 했는데 궁궐 안에는 항상 물이 있고 버들가지가 늘어진 경회루 연못가가 기우제 지내기에 안성맞춤이었다. 아울러 버들은 기우제를 올릴 때 또 다른 특별한 쓰임이 있다. 그래서 임진왜란 이전은 물론 불타버린 이후의 임금들도 일부러 경회루 연못을 찾아가서 기우제를 올린 기록들이 여러 번 있다. 그런데 경회루에서 기우제를 지내는 방식이 좀 독특하다. 우선 도롱뇽 10여 마리를 잡아 항아리에 넣고 푸른 옷을 입힌 동자 여러 명을 시켜 물에 적신 버들가지로 두들기면서 노래를 부르게 했다. 이때 동자들이 부르는 노래가 마음에 들지 않는다고 숙종은 직접 가사를 짓기도 했다. "도롱뇽아! 도롱뇽아! 구름을 일으키고 안개를 토하여라. 비가 지금 주룩주룩 쏟아지면, 너를 놓아주마." 이른바 '석척기우제蜥蜴祈雨祭'인데 도롱뇽이 비바람을 일으키는 상상의 동물인 용을 대신한다고 생각한 것이다.

버들 종류는 물이 넘쳐나게 풍부한 곳에 자리한 덕분에 빠르게 자란다. 다만 몸체는 부드럽고 약하다. 거기다 물가에는 나무에 상처를 낼 수 있는 동물들이 흔하다. 그래서 작은 상처에도 줄기의 일부가 쉽게 썩어 큰 구멍이 생기는 경우가 많다. 선조 때 문신 차천로가 엮은 야담집인《오

영추문 안 왕버들 2그루

산설림초고五山說林草藁》에는 구멍이 생긴 오래된 버드나무에 수양대군이 숨은 이야기가 전한다. 책에서 수양대군은 불과 14살에 기생집을 출입했다 한다. 어느 날 기생집에서 잠자다가 기둥서방이 나타나자 도망쳤는데, 마침 길가에 '고류수古柳樹'를 만나 그 속에 숨었다. 쫓아오던 기둥서방은 주변을 두리번거리다가 혀를 차고 가버렸다. 얼마 뒤에 점잖은 사람이 길에 나와 오줌을 누고 나서 하늘의 별을 쳐다보고는 "반드시 임금이 버들에

경복궁의 고목나무

기댄 상인데 매우 이상한 일이다"라고 중얼거렸다. 훗날 수양대군이 임금이 된 다음날 바로 이 사람의 신원을 확인해 보니 관상감觀象監의 관리였다. 세월이 지나 본인은 죽어 그 자손에게 후히 사례했다는 이야기다. 수양대군이 숨었던 고류수는 다른 버들보다 오래 살고 사람이 몸을 숨길 정도이니 줄기 지름도 훨씬 굵은 왕버들일 것이라고 추정한다.

경회루 하향정 회화나무

경회루 연못의 북쪽 긴 석축 둑에는 하향정荷香亭이란 정자가 있다. 초대 이승만 대통령이 재임 시절 세워, 낚시를 하는 등 휴게시설로 이용되었다고 한다. 경복궁의 역사와는 아무런 관련이 없어서 한때 철거 논란도 있었다. 하향정의 동쪽으로 줄기 둘레 두 아름에 키 15m 정도의 회화나무 고목 2그루와 서쪽으로 거의 붙어서는 조금 작은 회화나무 또 1그루가 비스듬하게 자란다. 회화나무는《주례》에 따라 궁궐에 흔히 심은 나무로 짐작된다. 다른 궁궐과 마찬가지로 1865년 경복궁 복원 공사 당시에도 곳곳에 심었을 것이다. 1930년에 발간된《조선고적도보》의 경복궁 외조에 해당하는 금천교 사진에는 회화나무로 추정되는 나무가 보이나 지금은 흔적도 찾을 수 없다.

오늘날 경복궁에는 하향정의 회화나무가 대표적인 회화나무 고목이다. 일제강점기의 경회루 사진 자료에는 이 일대가 숲을 이루고 있어서 명확하지는 않으나 이 회화나무로 짐작되는 나무를 찾을 수 있다. 또 1974년 국가기록원 사진에는 지금과 크기 차이가 거의 나지 않는 큰 회화

경회루 연못의 북쪽의 하향정 일대. 하향정 오른쪽에는 버드나무를 사이에 두고 회화나무 2그루가, 하향정 왼쪽에는 조금 작은 회화나무 1그루가 보인다.

나무가 자라고 있음을 확인할 수 있다. 그러나 체코 여행가인 엔리케 스탄코 브라즈Enrique Stanko Vráz의 1901년 사진에는 회화나무의 존재가 명확하지는 않다.

따라서 하향정 회화나무는 1900년대 초에 심었거나, 시대를 좀 더 내려잡으면 하향정을 세울 당시에 심었을 가능성도 생각해 볼 수 있다. 경복궁에는 이곳 하향정 이외에 향원정과 건청궁 사이의 숲에 1그루 등 회화나무 고목이 드물게 보인다.

경복궁의 고목나무

〈중묘조서연관사연도〉(《의령남씨가전화첩》, 1767~1769년, 홍익대학교박물관 소장)와 일부 확대 부분

옛 그림 속의 경복궁 고목나무

임진왜란 이전의 경복궁을 보여주는 그림은 《의령남씨가전화첩宜寧南氏家傳畵帖》 중의 〈중묘조서연관사연도中廟朝書筵官賜宴圖〉가 유일하다. 조선 중종 30년(1535) 왕세자의 교육을 담당하는 서연관에게 연회를 베풀어주는 장면을 묘사한 그림이라고 한다. 유미나 전 국립문화재연구소 연구원은 이 그림이 연회 당시의 그림이 아니라 1767년경 "이미 가전家傳되고 있던 기록화를 중모重摹하여 함께 엮어서 제작한 화첩으로 판단된다"라고 논고 (2011)에서 밝혔다. 중모 과정에서 얼마나 변형되었는지는 알 길이 없으나 임진왜란 전의 식생을 어렴풋이나마 짐작은 할 수 있을 것 같다. 행사 장소인 경복궁 근정전 앞뜰이 보이고, 북쪽 담장과 우뚝 솟은 북악산 사이로

는 숲이 그려져 있다. 근정전 오른쪽 담 너머로는 느티나무, 상수리나무, 능수버들로 짐작되는 나무들이 보인다. 담 높이의 두 배 이상 되는 큰 나무들이며 고목 티가 나므로 1395년 궁궐을 지을 당시부터 자라던 나무로 짐작된다. 근정전 왼쪽 담 너머로는 소나무, 능수버들, 전나무, 참나무 등이 자란다. 전나무는 여러 그루가 모여 자라고 있다. 소나무는 대부분 휘고 굽게 묘사한 후대의 그림과 달리 여기서는 곧게 그려졌다.

    이후 임진왜란으로 불타버린 경복궁의 모습은 1740~1760년경 겸재 정선이 몇 점의 그림으로 남겼다. 우선 1741년경의 〈은암동록隱巖東麓〉에는 경북궁 북쪽 출입문인 신무문 안쪽의 숲이 잘 나타나 있다. 반쯤 허물어진 궁궐 담을 따라 소나무 수십 그루가 길게 숲을 이루어 자라며 백로 떼가 무리로 서식하는 모습이 이채롭다. 소나무 숲 뒤로의 경복궁 안에는

경복궁의 고목나무

〈은암동록〉(정선,《경교명승첩》, 1741년경, 간송미술관 소장)

수관樹冠만 그려진 큰 느티나무 3그루가 자리 잡고 있다. 모두 임진왜란 이후 자란 나무들이거나 전쟁의 소용돌이 속에서 불길을 피한 나무일 터이니 당시에 적어도 100년 이상 된 고목나무들일 것이다. 앞의 〈중묘조서연관사연도〉에 보이는 근정전 뒤 숲들과 연결된 숲이 아니었나 짐작된다.

그림 앞의 넓은 터는 임금이 농사짓던 터라고 하며, 멀리 우뚝 솟은 산꼭대기에 보이는 큰 나무는 흔히 말하는 '남산 위의 저 소나무'이고, 그 뒤쪽으로의 바위투성이 산은 관악산이다. 비슷한 위치에서 본 정선의 또 다른 그림 〈취미대翠微臺〉(298쪽)에서도 경복궁 안의 나무들을 만날 수 있다. 신무문 담장을 따라 소나무가 무성히 자라는 모습은 마찬가지이며 안쪽으로 역시 느티나무를 비롯하여 상수리나무 등의 넓은잎나무가 섞여 있다.

폐허가 된 경복궁 안을 상세히 볼 수 있는 그림은 18세기 중엽에 그린 정선의 〈경복궁慶福宮〉이다. 정선은 인왕산 자락 옥인동에 살았으므로 황폐한 궁궐을 수시로 바라보며 안타깝게 생각하고 있었을 터다. 나이가 78세에 이른 정선은 어느 날, 돌기둥만 남은 경회루 일대를 화폭에 담는다. 그림의 위쪽은 솔숲이 빽빽하고 왼쪽은 경복궁의 서쪽 담장이다. 안으로 보이는 높고 낮은 10여 개의 기둥은 무너진 경회루 건물의 돌기둥이다. 돌기둥 앞으로 경회루 연못이 긴 석축으로 둘러싸여 비교적 깔끔한 모습을 유지하고 있다. 폐허가 된 경복궁을 안타까워한 영조가 재위 19년(1743)에 연못을 준설했기 때문이다. 솔숲에는 약 40그루가 넘는 소나무가 들어서 있으며 키가 크고 곧은 줄기가 쭉쭉 뻗어 있다. 경회루 뒤쪽은 땅이 깊고 소나무가 좋아하는 사질양토에 사람의 출입까지 제한되어 있으니 곧게 잘 자랄 수밖에 없다. 이 소나무들은 100여 년 뒤인 고종 2년(1865) 경복궁 중건을 시작할 때 아름드리가 되었으므로 요긴하게 쓰였을 것이다.

〈경복궁〉에서 연못 바로 아래 V자로 갈라진 오른쪽 고목은 느티나무로 짐작된다. 조선 후기의 문신이며 서화가인 이하곤(1677~1724)은 시문집 《두타초頭陀草》의 〈경복궁을 지나면서過慶福宮有感〉란 시에서 "늙은 느티나무 아름드리老槐圍"란 구절을 읊었다. 그가 말한 느티나무가 그림 속

　　　　　　　　　　　　　　　　경복궁의 고목나무

〈경복궁〉(정선, 8폭 백납병풍 중 1점, 18세기 중엽, 고려대학교박물관 소장)

의 이 나무인지는 명확하지 않으나 경복궁에 큰 느티나무 고목이 있었다고 짐작해 볼 수 있다. 원문의 괴槐는 회화나무를 나타내기도 하지만 그림 속 나무의 모습은 느티나무에 가깝다. 바로 옆의 가지가 길게 늘어진 나무는 능수버들이며 지금도 지대가 낮은 경회루 주변에 흔하다. 옆의 허름한

ㄱ자 고패집은 경복궁 터를 지키는 군사들이 거처하는 집이었다고 한다. 고패집 담장과 잇대어 능수버들과 제법 굵은 또 다른 나무가 자리를 잡고 있다. 평범한 나무 모양이라 수종을 짐작하기가 어려우나 겸재의 친구이기도 한 문신 김시민(1681~1747)의 시 한 수에서 실마리를 찾을 수 있다. 그는 숙종 35년(1709) 봄날 경복궁을 읊은 〈옛 궁故宮與李一源李載大道長諸益抽老杜韻共賦〉에서 "연일 비바람에 살구꽃이 드물다"라고 했다. 겸재의 〈경복궁〉보다 약 50년 전이지만 빈 궁궐 여기저기에 살구나무가 많아 꽃이 필 때는 시심을 자극할 만큼 볼거리였던 것 같다. 그림의 맨 오른쪽 아래에는 역시 경복궁 터 지킴이가 거처하는 고패집과 비스듬히 자라는 소나무 몇 그루가 보인다. 뒤로는 불타버린 근정전 일대의 건물 자재가 흩어져 있다. 목재 기둥인지 돌기둥인지는 구별이 어렵다. 다만 지름 한두 아름이 넘는 궁궐 건물 기둥이 화재로 그을린다면 겉에다 썩지 않게 탄소막을 입는 효과가 있다. 불탄 후 150여 년 뒤의 그림이므로 당시까지 충분히 남아 있을 수 있다. 물론 나무 기둥이 아니라 기단에 사용한 석재일 가능성도 생각할 수 있다. 이와 관련하여 영조 43년(1767) 경복궁 근정전 터에서 진작례進爵禮를 올리는 행사도인 〈영묘조구궐진작도英廟朝舊闕進爵圖〉에는 근정전 기단이 거의 완벽하게 남아 있으므로 〈경복궁〉의 흩어진 건물 자재가 기단은 아닌 것 같다.

〈경복궁〉은 전체적으로 광화문 쪽에서 북악산 쪽을 보고 그린 것 같다. 경회루 연못 바로 옆에 오늘날의 경복궁 서쪽 담장이 보이고, 경회루 북쪽 땅이 소나무가 숲을 이루기에 적합하며, 근정전 폐자재가 흩어진 자리가 오늘날 근정전 위치와 비슷한 탓이다. 화제畵題인 경복궁을 '慶福宮'이라 했는데 원래 이름인 '景福宮' 대신으로 쓰는 경우도 가끔 있었다고 한다.

경복궁의 고목나무

〈백악춘효〉 여름본(안중식, 1915년, 국립중앙박물관 소장) 부분

경복궁 중건 이후 그림으로는 안중식의 〈백악춘효白岳春曉〉가 있다. 여름본과 가을본 두 점이 있으며, 광화문에서 북악산을 보고 그린 그림이다. 그러나 1915년 일제가 '조선물산공진회'를 개최하느라 경복궁을 처참하게 파괴하였으므로 이보다 훨씬 이전의 풍광을 그린 것으로 짐작된다. 그림에는 광화문 안쪽으로 궁궐 건물 사이에 능수버들이 중심인 숲이 울창하다. 오늘날 광화문 안 광장과 흥례문 및 금천에 걸린 영제교를 잇는 일대는 물길이 지나가고 지대가 낮아 능수버들이 자라기에 알맞다. 경복궁 중건 시작 연도가 1865년이니 대체로 40년생 전후의 숲을 대상으로 그렸다고 생각된다. 능수버들 사이에는 느티나무, 상수리나무, 회화나무 등이 섞여 있다.

경복궁의 고목나무

02 경복궁 후원(청와대)

창덕궁과 마찬가지로 경복궁에도 후원後苑이 있었다. 신무문 밖, 오늘날 청와대 일대다. 임진왜란을 거치면서 후원도 역시 파괴되었다가 경복궁을 중건한 후 몇몇 전각을 세우는 등 복원을 시도했지만 나라가 망하면서 무위로 끝났다. 일제강점기 말인 1939년 조선총독부 관저가 오늘날의 청와대 수궁터에 들어서면서 융문당과 융무당 등 고종 당시의 건물은 모두 없어지고, 궁궐 후원의 흔적도 거의 사라져버렸다. 다만 주목을 비롯하여 회화나무, 반송 등 새로 지은 경복궁 전각보다 훨씬 오래된 고목나무 몇 그루가 무심하게 자랄 뿐이다.

오늘날 청와대 터는 고려시대 남경南京이 있던 곳이다. 북악산 산록에 위치하여 서울 장안을 전망할 수 있는 땅으로, 조선시대에 들어와서는 후원으로 쓰였다. 또한 여기서는 조선 초기부터 나라의 공신들이 모여 충성을 맹세하고 봉작封爵을 내리는 등 논공행상을 하던 회맹會盟이란 행사를 했다고 한다. 임금들이 쉬는 공간으로 활용되었을 것이나, 정자나 연못을 둔 창덕궁 후원과 달리 본격적인 정원으로 가꿔지지는 않았다. 임진왜란 이후 경복궁이 폐허 상태로 있을 때에도 별다른 사용 흔적이 보이지 않다가 조선 말기 경복궁 복원 이후 후원으로 기능하면서 동시에 궁궐수비

경복궁 후원 터의 융문당과 융무당 옛 모습. 1920년대로 추정된다. (《사진으로 보는 경복궁》)

대가 이용하는 공간이 되었다. 북악에서 흘러내리는 등성이 가운데 가장 높은 지대를 경무대景武臺라 하였고 그 동쪽의 오늘날 녹지원과 헬기장에 걸친 평지에 융문당과 융무당을 세웠다. 서쪽으로 지금의 영빈관 자리에는 경농재慶農齋가 설치되었다. 그 외에도 출입문과 몇몇 건물이 더 있었다. 일제강점기에 후원과 경복궁 사이에 도로를 개설하여 분리하면서 옛 후원의 건물은 철저하게 파괴되었다.

　　청와대의 고목나무는 이승만 대통령 때 심어 정문 입구에 늘어선 반송 22그루를 비롯하여 소나무 11그루, 회맹단과 관련이 있다고 생각되는 녹지원의 회화나무 4그루와 740년이 넘은 주목, 느티나무, 말채나무, 오리나무, 용버들, 녹지원의 아름다운 반송이 각각 1그루씩으로 모두

경복궁의 고목나무

본관

관저

의무실

대정원

수궁터
(청와대 구 본관 터)

모정

백악교

침류z

수궁터
주목

녹지원
무명교
회화나무

천하제일복지표석

상춘재

오리나무

느티나무

소정원

소나무

말채나무

녹지원
용충교 옆
회화나무

용충교

녹지원
반송

소나무

녹지원
<용문당, 용무당 터>

친환경시
단지

녹지원
헬기장
회화나무

경비단

정문

여민1관

반송

경호실

온실

충정관

연풍문
용버들

여민2관

헬기장

버들마당

여민3관

연풍문

춘추관

오늘날 청와대에서 만날 수 있는 고목나무 위치

43그루나 된다. 이들 중 의미가 있는 주목, 회화나무, 반송, 용버들은 더욱 구체적으로 알아본다.

수궁터 주목

수궁守宮이란 경복궁 후원을 지키는 군사들을 위한 건물을 말한다. 훗날 청와대가 세워진 이 수궁 자리에는 일제강점기인 1939년에 조선총독 관사가 세워졌었다. 관사는 광복 후에는 주한미군사령관의 숙소로 사용되다가 대한민국 정부가 들어서면서 대통령의 집무실인 본관으로 그대로 이용되었다. 1991년 새 관저가 지어지면서 2년 후 옛 본관은 철거되어 그 자리는 오늘날처럼 빈터로 남았다. 이 자리를 '청와대 구 본관 터' 혹은 '수궁터'라 부른다. 서울 시내가 내려다보이는 양지바른 명당이며, 고려시대의 남경 및 조선시대 후원 자리라는 점과, 옛 청와대 본관이 대통령의 집무실로 사용되었다는 점을 기념하고 널리 알리기 위하여 '하늘 아래 제일가는 복된 땅'이라는 뜻의 천하제일복지天下第一福地 표석이 세워져 있다.

천하제일복지 표석 뒤 언덕에는 청와대는 물론 궁궐에서도 가장 오래된 주목 1그루가 자리를 잡고 있다. 산림청의 조사 자료에 따르면 1280년경에 태어났다고 하니 나이가 약 740살이 넘는다. 당연히 청와대의 터줏대감이고 경복궁 후원에서 가장 오래된 나무다. 고려 제25대 임금인 충렬왕은 1283년, 1285년, 1301년 세 번에 걸쳐 오늘날의 서울인 남경에 행차했다고 한다. 청와대 일대는 남경의 행궁이 있었다고도 추정하는 곳이며, 이 주목이 태어난 1280년대는 충렬왕의 행차 시기와도 대체로 일

경복궁의 고목나무

청와대의 최고령 주목. 나이 740여 살에 이른다.

치한다. 따라서 이 주목은 남경을 찾은 충렬왕이 쉴 수 있는 공간을 조성하기 위한 조경의 일환으로 당시에 심은 것으로도 짐작해 볼 수 있다.

　　그렇지만 이 주목이 청와대의 터줏대감 최고령 나무인지는 지금도 논란이 있다. 1969~1979년 청와대에 근무했던 박원근 온실실장 및 1989~1992년에 재직하였던 김천의 온실실장 비롯한 옛 직원들은 옛 본관 터인 이곳에 주목이 자라고 있었다고 증언하고 있다. 옛 본관이 철거되고 이 일대를 정비할 때 자라는 위치는 조금 변했지만 원래 있던 나무라는 것이다. 그러나 문화재청에서는 주목 뿌리의 흙을 채취하여 분석한 결과 수궁터가 아닌 다른 곳에서 옮겨왔다고 결론을 내렸다. 필자 역시 졸저 《청와대의 나무들》에서 문화재청의 결론을 받아들였으나 이와 관련하여서는 앞으로 더 연구 검토가 필요하다.

녹지원 회화나무

청와대 안에는 회화나무 고목 4그루가 자란다. 그중 녹지원 서쪽 용충교 옆, 영조 임금 말기인 1776년경부터 자라는 250살 정도 된 회화나무가 가장 크다. 키 22m, 줄기 둘레 290cm로서 두 아름에 이른다. 사방으로의 가지 뻗음이 단정하여 한층 고목으로서의 품위가 있다. 이 외에 상춘재 쪽으로 조금 올라가다 무명교 건너편 숲속에서 태풍에 넘어져 구부정하게 자라는 동갑내기 회화나무, 무명교 건너기 전 비슷한 나이로 짐작되는 회화나무 또 1그루까지 3그루가 청와대의 터줏대감 회화나무들이다. 특히 용충교 옆 회화나무는 여름날이면 사방으로 고루 뻗은 가지가 쉼터가 될 그

녹지원 용총교 옆 회화나무. 2022년 천연기념물로 지정되었다.

늘을 만들어주고, 연노랑 꽃을 바닥이 푹신해질 정도로 후드득후드득 떨어뜨려 녹지원 일대의 아름다움을 더한다. 또 녹지원에서 헬기장으로 내려가는 문의 길 가운데도 헌종 13년(1847)부터 자라는 것으로 짐작되는 170살이 넘은 회화나무 1그루가 더 있다.

청와대의 회화나무 고목은 경복궁 후원이라는 장소의 특수성과 함께 어떤 시설물과 관련이 있을 것으로 추정할 수 있다. 경복궁 후원 자리인 이곳에는 조선 초부터 회맹단會盟壇이 있었다. 임금이 공신들과 산짐승을 잡아 하늘에 제사 지내고, 피를 서로 나누어 입언저리에 바르며 맹세하는 것을 회맹이라고 하며 이를 거행하는 장소가 회맹단이다. 조선왕조실록에 회맹이 300여 회나 등장할 만큼 회맹단은 중요한 시설이었으나 오늘날 남아 있지 않다. 그러나 화가 겸재 정선의 〈은암동록〉(284쪽), 〈북단송음北壇松陰〉, 〈취미대翠微臺〉 등의 옛 그림에서 개략적인 위치를 추정하고 모습도 짐작할 수 있다.

〈은암동록〉을 중심으로 보면 회맹단의 위치는 허물어진 신무문의 북동쪽이며 경복궁 담장과 멀지 않은 곳이다. 그림의 오른쪽 언덕에는 갓쓴 선비 둘이 앉아 있고 아래 왼쪽의 사각 단이 회맹단이다. 다른 그림에서도 거의 같은 모습이다. 오늘날의 지형과 맞춰보면 청와대 정문에서 수궁터로 올라가는 길목과 녹지원 사이의 옛 경호처 건물과 뒤쪽 일대가 회맹단 자리일 가능성이 크다. 한편 〈취미대〉에 그려진 회맹단을 확대해 보면 모양과 크기가 불규칙한 미점米點이 여럿 찍혀 있다. 경복궁 후원에서 대통령 관저로 사용되면서 청와대의 지형은 수없이 변했으나, 지금도 이 일대에는 크고 작은 바위를 여럿 찾을 수 있다. 미점은 이런 바위를 나타낸 것으로 추정된다. 다만 북악산 일대의 원래부터 있던 화강암 바위와 다

〈취미대〉(정선,《장동팔경첩》, 1754년경, 국립중앙박물관 소장) 부분. 공터에 회맹단이 보인다.

른 곳에서 옮겨온 것으로 추정되는 화강편마암 바위가 섞여 있어서 회맹
단 조성 당시의 것이라고 특정하기는 어렵다.

　　회맹 의식은 임금도 참석할 만큼 엄숙한 행사이니 회맹단 주변에
는 상징성 있는 나무도 심었을 것이다. 예부터 궁궐에 심었으며 선비들 곁
에서 상서롭고 귀한 대접을 받은 회화나무가 제격이다. 아마 조선 초 회맹
단 조성 당시부터 심었을 것이나 없어지고 지금의 회화나무는 영조 말기,

정조 초기에 심은 것이다.

　　녹지원 주변 외의 또 다른 회화나무 고목으로는 궁정동 안가 터인 무궁화동산 삼거리의 회화나무가 있다. 나이 500여 살에 이른다. 이 근처에 살던 조선 중기의 문신 김상헌(1570~1652)은 그의 문집인 《청음집淸陰集》에 회맹단을 이렇게 읊었다. "성의 북쪽에 하얀 모래 깎은 듯이 평평한데 / 네모진 단 쌓인 것은 예로부터 그러했네 / 나라가 선 이후에는 바로 일이 있었으나 / 일 지나고 사람 없어 텅 빈 채로 적막하네." 정선의 그림보다는 조금 앞선 시대지만 시의 내용에서 회맹단은 방형이며 주위에는 역시 숲이 없고 황량한 모습이었음을 알 수 있다.

녹지원 반송

청와대 경내의 한가운데, 각종 행사가 열리고 푸른 잔디가 깔린 넓이 약 3300㎡의 초록 광장이 녹지원이다. 고종 때 궁궐수비대가 훈련하고 과거 시험을 보던 광장이었으나 일제강점기에는 가축사육장과 온실 등의 부지로 이용되었다. 이후 1968년에야 잔디를 깔고 각종 야외 행사를 하는 정원으로 조성되었다. 원래 가장자리에는 1865년에 지은 융문당과 융무당 건물이 있었으나 일제강점기 때 없어졌다. 녹지원에는 키 15m, 줄기가 8개로 갈라져 반원 모양으로 아름다운 반송 1그루가 자라고 있다. 바로 옆에는 모아 심은 소나무 4그루를 거느리고 다소곳이 서 있다. 반송과 소나무가 어우러져 마치 작은 숲처럼 녹지원의 아름다움을 한층 돋보이게 한다.

　　녹지원의 이 반송은 대체로 헌종 10년(1844)경에 태어난 것으로 짐

청와대에서 가장 아름답다는 녹지원 반송. 2022년 천연기념물로 지정되었다.

작되므로 지금 나이는 약 180살에 이른다. 융문당과 융무당을 지을 당시 20년쯤 자란 반송을 심은 것이다. 1920년대의 융무당 옛 사진에서 이 반송이 제법 큰 나무로 보이기도 한다. 조선의 국운이 차츰 기울던 헌종 때 태어나 일제강점기를 거쳐 지금까지 우리의 현대사를 고스란히 지켜보고 있다. 그러나 어느 계절에 찾아가도 싱싱하고 건강하다. 청와대의 반송 중에는 가장 오래되었고 아름답다. 전체적으로 가지가 고루 뻗어 둥그스름

1928년경의 융무당과 오른쪽의 반송(국립중앙박물관 소장 유리건판)

한 소반 모양이 되므로 반송盤松이라 한다. 반송은 소나무의 운치를 만끽하면서도 부드럽고 아기자기한 맛을 느낄 수 있어서 조선시대 선비들의 멋스런 전통 정원에는 빠지지 않았다. 정자를 짓고 조경수로 반송을 심는 경우가 많았다.

연풍문 용버들

연풍문을 들어서면 왼편에 버들마당이라는 작은 공원이 있다. 가운데에는 공원 이름의 유래가 된 커다란 용버들 1그루가 자란다. 줄기는 사람 허리 높이부터 셋으로 갈라져 있는데 각각 굵기가 한 아름이 넘고 키는 22m

경복궁의 고목나무

연풍문 안 버들마당 용버들. 2022년 천연기념물로 지정되었다.

가지가 꼬불꼬불하면서도 아래로 길게 늘어지는 용버들

에 이른다. 용버들로는 우리나라에서 제일 큰 나무다. 상상의 동물인 용은
하늘을 향하여 올라가는 모습으로 우리에게 각인되어 있다. 용버들의 가
지는 꼬불꼬불하면서도 버들의 특성대로 아래로 길게 늘어져 있다. 이 모
습에서 승천하려는 용이 연상되어 용버들이라 했다.

　　그러나 나무가 굵어지면 줄기와 가지 모두 곧게 자란다. 버들마당
은 북악산 계곡에서 출발한 실개천이 흘러내려 습지를 이루던 곳이다. 물
길은 여기서 잠시 쉬었다가 경복궁 향원지를 거쳐 경회루로 흘러들어간
다. 용버들의 추정 나이는 100살 남짓으로, 이 일대의 지난 세월을 알고
있는 유일한 나무다. 대체로 1915년 조선물산공진회와 1929년 조선박람
회를 개최할 즈음에 습지인 이곳에 용버들을 심거나 보호했을 것으로 짐
작할 수 있다.

　　　　　　　　　　　　　　　　　　　　　　　경복궁의 고목나무

德
壽
宮

덕
수
궁

덕수궁의 고목나무

덕수궁은 오늘날 서울 중구 정동에 있다. 정동이란 지명은 이곳이 조선 태조의 왕비 신덕왕후의 정릉 자리이기 때문에 붙은 것이다. 덕수궁은 원래 성종의 형인 월산대군의 집이 있던 곳이다. 임진왜란이 일어나자 의주로 피난 갔던 선조가 한양으로 돌아와 불타버린 궁궐 대신에 잠시 행궁으로 삼았다. 광해군이 즉위식을 거행한 후 창덕궁으로 옮기면서 '경운궁慶運宮'으로 부르게 되었다. 이후 규모가 축소되어 오랫동안 궁궐의 기능은 하지 못하고 있었다.

1895년 경복궁 건청궁에서 명성황후 시해 사건이 일어나자, 신변의 위협을 느낀 고종은 이듬해 러시아공사관으로 피신했다. 이른바 아관파천俄館播遷이다. 고종은 비극의 현장인 경복궁 건청궁으로 다시 돌아가지 않고 경운궁을 재건하여 1897년 2월 정식 궁궐로 삼았다. 동시에 대한제국을 새로 선포하고 나라의 기틀을 바로잡으려 애썼으나 너무 때가 늦었다. 불과 13년 뒤인 1910년 제국은 망해버린다.

정동 일대는 행궁이 있던 곳이고 권세가의 집터이기도 했으니, 덕수궁이 들어설 당시에도 고목나무가 곳곳에 남아 있었다. 1902년경 중화전 확장 공사를 하던 시기의 사진을 보면 중화전 옆과 뒤쪽으로 여러 그루의 고목나무들이 보인다. 그러나 1904년의 대화재로 주요 전각이 불타버리면서 고목나무도 사라져버린다. 다만 돈덕전 부근의 숲과 석조전 뒤에서 정관헌까지의 얕은 언덕바지는 불길을 피했다. 여기에 자라던 회화나무 몇 그루만이

(續名3)　KEUNKYU IN THE NEW IMPERIAL PALACE, SEOUL.　新皇城慶運宮

1904년의 대화재로 불타기 전 고목나무가 여럿 있던 덕수궁. 오른쪽 문이 당시 중화문, 2층 건물이 중화전이다. (국립고궁박물관 소장 경운궁 사진 엽서)

대화재 이후 1911년의 덕수궁. 단층으로 재건된 중화전과 석조전 사이, 그리고 왼쪽 돈덕전 앞에 살아남은 고목나무들이 보인다. (서울역사박물관 소장 《조선풍경인속사진첩》)

오늘까지 살아남았다. 그 외에 고종과의 인연이 전해지는 평성문 앞 가시칠엽수, 1938년 석조전과 미술관 앞에 본격적으로 정원을 조성하면서 심은 등나무와 이때 옮겨 심은 분수대 앞의 주목 등이 덕수궁의 고목나무들이다. 그 외 아름드리가 된 석어당 살구나무 등은 1950년대에 우리 손으로 심은 것들이다.

덕수궁에는 현재 큰키나무가 45종 1300여 그루이며 수종 은 소나무가 가장 많고 단풍나무, 주목, 은행나무의 순이다. 그 외 작은키나무와 덩굴나무는 50여 종이며 큰 나무 사이에 섞여 자란 다. 덕수궁은 면적이 93843.1㎡에 불과하여 다른 궁궐에 비하여 나무가 많지 않다.

돈덕전

영국대사관 안
회화나무

돈덕전
회화나무

평성문 평성문
가시칠엽수
(마로니에)

국립현대미술관
덕수궁관
(석조전 별관)

뚝향나무

배롱나무

자두나무

능수벚나무

석조전

준명당 뒤쪽 숲
회화나무

분수대

뚝향나무

배롱나무

은행나무

석조전 분수대
등나무

가이즈카향나무

준명당

분수대 정원
주목

즉조당

정관헌 서쪽
회화나무

중화전

석어당
살구나무

석어당

정관헌

중화문

덕홍전

용안문

중화전 행각

함녕전

함녕전 행각

광명문

측백나무

모과나무

대한문

덕수궁 안팎의 여러 회화나무들

덕수궁 안과 부근에는 여러 그루의 회화나무 고목이 있다. 우선 덕수궁 안의 돈덕전 회화나무부터 알아보자. 돈덕전은 석조전 뒤쪽에 1902년경 서양식으로 지었던 덕수궁 건물의 하나다. 일제강점기에 없어져 버렸으나 2023년 복원했다. 돈덕전의 옛 사진을 보면 건물 앞에 커다란 고목나무 2그루가 건물을 가릴 듯이 크게 자라고 있다(312쪽). 서쪽 나무는 없어져 버렸고 동쪽 나무는 지금도 살아 있는 회화나무다. 키 22m, 줄기 둘레 4.9m로서 세 아름이 넘는 크기다.

비슷한 크기의 회화나무가 정관헌 서쪽 화장실 옆에 1그루 더 있으며 조금 작은 3그루가 준명당 뒤쪽 숲속에 있다. 이들 중 하나는 몽당빗자루처럼 줄기 모양새가 많이 망가져 있다. 나무 밑에 "이 회화나무는 덕수궁의 오랜 세월을 묵묵히 지켜온 역사성이 깃든 나무입니다. 수령이 300년으로 추정되는 큰 나무로 2013년 7월 태풍으로 줄기 윗부분이 부러졌습니다. 살아 있는 부분을 더욱 정성껏 돌보겠습니다"라는 팻말이 풀숲에 숨겨 있어서 볼 때마다 정겹다. 볼품없어진 고목나무를 쉽게 베어버릴 수도 있었겠지만 당시 덕수궁 박정상 관리소장은 생각이 달랐다. 그의 혜안 덕분에 살아난 나무는 앞으로 10여 년이면 옛 모습을 거의 회복할 수 있을 것이다. 아울러서 나무의 역사를 알 수 있는 기록을 남겨두는 이런 조치도 우리가 눈여겨볼 만하다.

이렇게 해서 덕수궁 경내에는 모두 5그루의 회화나무 고목이 자란다. 돈덕정 앞과 정관헌 옆 회화나무 고목은 임진왜란 후 심은 것으로 추정하여 나이 400살 전후, 크기가 조금 작은 나머지 3그루는 300살 전후

돈덕전 회화나무. 길게 뻗었던 줄기는 일부 잘려 옛 모습과 조금 달라졌다.

덕수궁의 고목나무

돈덕전의 옛 모습. 왼쪽 나무가 오늘날 돈덕전 회화나무다. (일본 궁내청 소장 《창덕궁 내외 사진첩》)

로 짐작한다.

덕수궁이 자리 잡은 정동 일대는 조선 초기의 명재상 김종서를 비롯하여 대학자 이황, 문신 심의겸, 예학禮學의 대가 김장생, 《지봉유설》의 저자 이수광까지 조선의 유명 선비들 저택이 있었다고도 한다. 이에 걸맞게 덕수궁 안의 회화나무 이외에 캐나다대사관 앞, 농협중앙회 앞, 복원 공사 중인 덕수궁 선원전 터, 배재학당 역사박물관 옆, 영국대사관 담장 등에도 회화나무 고목이 자라고 있다. 이런 회화나무는 다른 궁궐처럼 《주례》에 따라 궁궐에 심은 것만이 아니라, 선비들이 살면서 심은 것으로 보인다. 회화나무의 다른 이름은 학자수, 영어로도 'Chinese scholar tree' 로서 선비를 상징하는 나무이기 때문이다. 회화나무는 나이를 먹어가면

줄기 윗부분이 부러진
준명당 뒤쪽 숲 회화나무

서 굵은 가지를 사방으로 뻗는다. 한 점 부끄럼 없이 소신을 굽히지 않고
당당한 학자를 나타내기에 학자수란 별칭이 생긴 것 같다. 옛날부터 집에
는 회화나무를 심어야 그 집안에 큰 학자가 배출되고 나라에 큰일을 할 인
물이 태어난다고 믿었다고 한다. 노란 색소를 포함한 꽃은 꽃봉오리 때 따
고 물에 끓여 천이나 종이를 염색하는 데 쓰였다. 중국의 노란 종이는 거
의 회화나무 꽃으로 염색한 것이라 한다. 이래저래 학자와 관계가 깊다.
그래서 경주 옥산서원 앞 등 선비와 관련된 유적지에서는 흔히 회화나무

캐나다대사관 앞의 회화나무

를 만날 수 있다. 김종서 집터와 가까운 농협중앙회 앞 및 캐나다대사관
앞 회화나무는 500살 이상, 나머지 회화나무는 300~400살로 짐작한다.

평성문 가시칠엽수

덕수궁의 서쪽 출입문인 평성문과 석조전 사이에는 유럽이 고향인 가시
칠엽수 고목 1그루가 자란다. 북쪽 돈덕전쪽으로도 가시칠엽수 1그루가
더 있다. 나무의 규모는 둘 다 키가 22m, 줄기 둘레 각각 3.5m 및 3m에 이
르러 굵기가 두 아름이 넘는다. 우리나라에서 가장 오래되고 큰 가시칠엽

평성문 가시칠엽수(마로니에) 중 평성문 바로 앞의 1그루

덕수궁의 고목나무

수다. 가로수나 정원수로 널리 심은 칠엽수七葉樹는 일본이 원산지인 일본 칠엽수와 유럽 중서부가 고향이고 흔히 '마로니에'라고 부르는 가시칠엽수(서양칠엽수, 유럽칠엽수)가 있다. 둘은 수만 리 떨어져 자라지만, 커다란 잎이 7개씩 달리는 등의 생김새가 거의 비슷하다. 다만 열매 표면이 매끄러우면 일본칠엽수, 성게마냥 가시가 숭숭하면 가시칠엽수로 구별할 수 있다. 우리나라는 대체로 일본칠엽수를 많이 심고 있으며 서울 동숭동 마로니에 공원의 나무도 실제로는 일본칠엽수다. 드물게 심는 가시칠엽수가 덕수궁에 자리를 잡은 데는 나름의 사연이 있다.

오늘날 대한제국역사관으로 쓰이는 석조전은 10여 년에 걸친 긴 공사 끝에 일제강점기가 시작되는 1910년 완공되었다. 곧바로 주변의 조경공사를 시행하였으며 그 과정은 1938년《덕수궁사》란 기록으로 남아 있다. 이 기록에는 "너도밤나무, 칠엽수, 월계수 등을 특별히 외국에서 가져와 심었으나 대부분 죽어버렸다"라고 되어 있다. 여기서의 칠엽수는 오늘날 평성문 안의 바로 그 가시칠엽수로 짐작되며 당시의 나무가 용케 살아남은 것이라고 생각한다. 따라서 지금의 나이는 110여 살이 되는 셈이다.

전하는 이야기로는 1912년 회갑을 맞이하는 고종에게 석조전 완공에 맞추어 주한 네덜란드 공사가 마로니에 몇 그루를 선물했다고 한다. 이야기의 근거는 식물학자 리휘재 박사가 1966년에 펴낸《한국동식물도감》제6권 식물편(화훼류2)에서 찾을 수 있다. 그는 "1912년 네덜란드 공사가 고종황제 회갑에 축수祝壽하는 기념품으로 진상한 것이 최초의 도입인데, 덕수궁 석조전 서북 편에 2그루가 재식되어 있다. 나무 키 13m, 뿌리목 둘레 2.6m다"라고 했다. 이 기록은 최근 전통문화대 이선 교수가 찾아냈다. 하지만 리휘재 박사는 마로니에와 관련된 자료의 출처를 제시하지 않았다. 또 당시 대한제국에는 네덜란드 공사가 부임해 있지도 않았다. 그러나 이 이야기를 근거가 없는 자료로 봐버리기에는 당시의 상황이 시사하는 바가 너무 크다. 1907년 헤이그 밀사 사건으로 황제 자리를 강제로 순종에게 넘겨준 고종은 덕수궁에 머물면서 울분의 나날을 보내고 있었다. 이어서 1910년 아예 나라가 망해버리는 아픔을 겪는 고종에게 네덜란드를 비롯한 서양 사람들은 작은 연민의 정은 갖고 있었을 터다. 석조전의 조경공사를 위하여 수입할 나무로 유럽 사람들이 마로니에, 즉 가시칠엽수를 추천한 것이 '고종 환갑 기념선물'로 알려진 것이 아닐까 짐작해 본다.

석조전 오얏나무(자두나무) 꽃 문양

덕수궁은 우리의 전통 기와 건물과 서양식 건물이 섞여 있다. 개화기 서양 문물이 한참 들어올 때인 1897년경 기존의 경운궁을 재건하고 이후 확장했기 때문이다. 석조전 지붕의 삼각형 박공, 돈덕전 창문틀, 정관헌 기둥 상부 등 주로 서양식 건물에 오얏꽃 문양이 들어 있어 눈길을 끈다. 고종은 대한제국을 선포하면서 황제국으로 내세울 시각적인 상징물이 필요했다. 개항기에 도입한 태극기를 비롯하여 이화李花(오얏꽃), 무궁화, 매鷹 등이 대한제국을 나타내는 문양으로 선택되었다. 특히 오얏꽃은 조선왕조와 관련이 깊다. 왕조 성씨인 '이李'를 '오얏 이'라고 하니 임금님의 성씨를 나타내는 꽃인 셈이기 때문이다. 그러나 오얏나무를 '왕씨의 나무'로 조선시대에 특별히 대접했다는 기록은 없다. 다만 《일성록》에는 정조 22년 (1798) 현륭원顯隆園 에 소나무, 밤나무, 버드나무와 함께 오얏나무 1만 3천

석조전 중앙 박공에 보이는 오얏꽃 문양

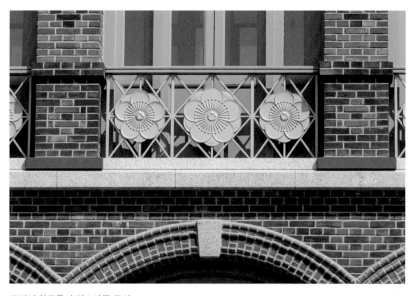

돈덕전 창문틀의 겹오얏꽃 문양

꽃잎이 서로 떨어져 있는 자두나무 꽃, 꽃잎이 서로 붙어 있는 배나무 꽃

여 그루를 심었다는 기록이 나온다. 이는 오얏나무를 특별히 이씨의 나무로 상징성을 부여하기 위해서가 아니라 과일나무의 하나로 심은 것이다. 예부터 오얏나무는 복사나무와 함께 도리桃李라 하여 귀중한 과일나무로 우리의 옛 문헌에 수없이 등장한다.

대한제국은 왕족의 성씨로써 나타내겠다는 의지가 있었는지는 알 수 없으나 오얏 문양을 광범위하게 사용하였다. 오얏꽃 문양을 넣은 이화 우표, 화폐 제도 도입에 따른 주화鑄貨, 나라의 공신에게 주는 이화대훈장, 각종 대한제국 유물을 비롯하여 최초의 여권에도 태극 문양과 함께 오얏 문양이 들어 있다.

덕수궁 이외에 오얏 문양이 들어간 건축물로서는 창덕궁 인정전과 인정문 등 일제강점기 전후로 수리한 전각 곳곳에서 찾을 수 있다. 두 건물의 용마루에는 각각 5개와 3개의 구리로 만든 꽃 문양이 박혀 있다. 1910년 일제강점기가 시작되기 직전, 이미 국권이 일본의 손에 농락되고 있던 1907년 즈음, 조선의 마지막 임금 순종이 덕수궁에서 창덕궁으로 옮

덕수궁의 고목나무

꽃잎이 서로 떨어진 대한제국 주화의 오얏꽃 문양, 꽃잎이 배꽃처럼 서로 붙은 창덕궁 인정전 용마루 오얏꽃 문양

겨울 준비로 대대적인 창덕궁 수리를 하면서 일부 전각 건물에 오얏꽃 문양을 처음 집어넣었다고 한다.

근대 이전 일본에는 실권을 가진 쇼군이 있고, 그 아래로 각 지방을 다스리는 영주들이 있었는데, 모두 고유의 가문 문양을 가지고 있었다. 메이지유신으로 이들이 귀족계급으로 재편된 후에도 문양은 계속 사용되었다. 일본이 대한제국을 병탄한 후 대한제국 황실을 '이왕가'라며 가문으로 낮추어 부르면서, 자기네들의 귀족 가문과 같은 급으로 취급하기 위해 나라가 망해버린 1910년 이후 일제강점기에도 대한제국의 문장을 계속 사용했다고 한다.

오얏나무는 오늘날 두 가지 혼란이 있다. 하나는 오얏나무가 지금 우리가 쓰는 정식 이름이 아니다. '李'는 《훈몽자회》나 《동의보감》에는 '오얏'이며, 《도문대작屠門大嚼》이나 《동문선東文選》 등에는 '자도紫桃'라고 한다. 19세기 말 우리말 이름을 정할 때 오얏이 아니라 자도로 결정했기 때문에, 오늘날 우리가 쓰는 이름은 자도가 변한 자두나무다. 그러나 우리는 자두보다 오얏에 더 친숙하다. 둘째는 한자음이 '이화'로 똑같은 오얏꽃李花과 배꽃梨花을 혼동하여 대한제국의 문양을 배꽃으로 말하는 경우도 흔히 있다. 이는 분명한 잘못이지만 문양의 디자인에도 오해의 여지가 있다. 오얏꽃은 5장의 꽃잎이 서로 떨어져 있는 것이 보통이어서 성글게 보이지만, 배꽃은 꽃잎이 서로 겹쳐 있다. 오늘날 남아 있는 대한제국의 오얏꽃 문양은 꽃잎이 서로 떨어진 디자인과, 서로 모여 붙은 디자인이 뒤섞여 있어서 더욱 혼란스럽다. 오얏나무 아래에서는 갓을 고쳐 쓰지 말아야 한다는 뜻의 '이하부정관李下不整冠'에도 '이李'는 물론 배나무가 아니라 오얏나무다. 그럼에도 혼동이 있는 것은 사람들이 오얏꽃보다는 배꽃에 훨씬 친숙하기 때문이다.

덕수궁의 역사로 본다면 적어도 100살이 훌쩍 넘는 오얏나무 고목 1그루 정도는 있음직하다. 그러나 오늘날 석조전 현대미술관 계단 아래의 10살 남짓한 오얏나무 3그루가 대한제국의 오얏 문양 흔적을 말해줄 뿐이다.

석조전 분수대 등나무

석조전 분수대 앞의 긴 퍼걸러pergola에는 등나무가 시렁 위를 덮어 잘 자라고 있다. 등나무는 늘어져 피는 보라색 꽃이 일품이고 그늘을 만들어주는 덩굴식물이라 큰 공원에 빠지지 않는다. 석조전 앞 분수대 등나무는 퍼걸러 기둥을 감고 올라가면서 줄기가 심하게 울퉁불퉁하고 비꼬여 있다. 줄기 색깔까지 진한 잿빛이라 더 고목나무 맛이 난다. 키 4m, 줄기 둘레

석조전 분수대 등나무

1.8m나 되니 한 아름이 훌쩍 넘는다. 얼핏 나이가 몇백 살은 됨직하지만 실제로는 1935년 덕수궁을 공원화하기 위하여 서구식 분수대를 설치하는 등 이 일대를 정비할 때 심은 것이라고 하니 나이는 90살이 채 안된다.

전통 건물과 현대 서양식 건물이 뒤섞인 덕수궁이지만 등나무는 궁궐에 맞는 나무가 아니다. 조선시대 선비들은 등나무와 담쟁이덩굴로 대표되는 '등라藤蘿'를 별로 좋아하지 않았다. 선비들은 곧은 대나무는 굽히지 않는 지조의 상징으로, 잎이 늘푸른 소나무는 임금에 대한 충성이 한결같음의 상징으로 여기며 두 나무를 군자를 뜻하는 나무로 여겼다. 반면

322

〈대택아회〉(이인문, 《고송유수첩》, 18세기 말~19세기 초, 국립중앙박물관 소장) 부분

에 겨울 추위에 잎이 지고 다른 물체에 신세를 져 감고 올라가는 등나무는 매우 못마땅하게 생각했다. 멸시의 대상인 소인배를 가리킬 때 흔히 등나무에 비유했다. 조선시대 선비들이 머무는 공간을 그린 수많은 그림 중에도 아름다운 등꽃을 그린 화훼도는 가끔 만날 수 있으나 그늘을 만들어주는 퍼걸러에 얹어 키우는 등나무는 이인문의 《고송유수첩古松流水帖》의 〈대택아회大宅雅會〉 등 일부를 제외하면 만나기 어렵다. 예나 지금이나 시원한 그늘을 만들어주고 봄날에는 보라색 꽃으로 운치를 더할 수 있는 덩굴나무는 등나무가 최고다. 하지만 선비의 집에 소인을 상징하는 등나무를 잘 심지 않은 것으로 보인다. 덕수궁 이외의 우리 문화유적지에서도 등나무는 거의 만날 수 없다.

덕수궁의 고목나무

분수대 정원 주목

중화문 서쪽, 석조전 정원의 남쪽 끝에는 키 9m와 7m, 각각 줄기 둘레 2m 남짓한 주목 고목나무 2그루가 조금 떨어져 마주보고 서 있다. 거의 한 아름 반이나 되는 굵기이니, 주목이 매우 느리게 자라는 점을 감안하면 130년 정도 되는 덕수궁의 역사보다는 더 오래되었음을 미루어 짐작할 수 있다.

이 주목은 1938년 석조전 정원을 정비할 때 다른 곳에서 옮겨 심은 것으로 알려져 있다. 하지만 어디에서 어떻게 옮겨 왔는지는 아무런 자료가 없다. 주목의 생장 특성으로 봐서는 당시에도 어린 나무가 아니라 고목나무를 옮겨온 것이다. 다른 주목과 크기를 비교하여 추정하면, 성종에서 광해군 시대 사이에 태어난 것으로 나이는 400~500살 정도로 추정된다. 나무의 굵기는 환경에 따라 천차만별이지만, 다른 주목과 비교하여 필자가 대체적으로 추정한 나이다. 약 740살 된 청와대 수궁터 주목은 줄기 둘레 2.7m, 창덕궁 후원의 약 260살 된 주목은 줄기 둘레 3.2m, 나이가 약 1400살인 강원도 두위봉의 천연기념물 제433호 주목은 줄기 둘레가 4.3m이다.

이 분수대 정원 주목은 우리나라 어디에선가 자라다가, 뒤늦게 이 자리로 이사를 온 것이다. 어쨌든 옮겨온 이 주목 2그루가 덕수궁에서 가장 나이가 많다. 이 나무는 동그랗게 분을 떠 본래 자리의 흙을 많이 붙여서 가져오지 않고, 무게를 줄이기 위하여 뿌리 흙을 털어서 옮겨왔다고 한다. 80여 년 전에, 뿌리 흙을 털었어도 최소 2톤이 넘는 큰 나무를 어떻게 옮겨와 살려냈는지는 지금으로서도 경이롭다.

분수대 정원의 주목(미술관 쪽)

덕수궁의 고목나무

석어당 살구나무

덕수궁의 오랜 전각인 석어당에는 키 8.5m, 줄기 둘레 2.4m로서 한 아름 반이 넘는 큰 살구나무 고목 1그루가 자리 잡고 있다. 4월 초면 연분홍 꽃을 잔뜩 피워 봄날의 덕수궁을 한층 화사하게 해준다. 명지대 유홍준 석좌 교수는 "고목이 된 살구나무가 있어 봄이면 살구꽃이 함박눈에 덮인 듯 눈부시게 피어난다. 우리가 꽃나무를 볼 때는 대개 아래서 위로 올려다보기 마련이지만 여기서는 위에서 아래를 내려다보게 되어 더욱 환상적"이라고 했다.

석어당昔御堂은 덕수궁에서 유일하게 단청을 하지 않은 2층 건물이다. '옛날에 임금이 머물던 집'이란 뜻으로 이름이 석어당이다. 덕수궁 자리에는 과거 월산대군의 집이 있었다. 그 집에 임진왜란 후 의주에서 서울로 돌아온 선조가 임시로 머물렀었다. 이를 기려 훗날 영조는 당시 덕수궁 즉조당에 '석어당'이란 글씨를 써 현판으로 걸게 했고, 고종이 덕수궁을 정식 궁궐로 삼아 재건하면서 그 이름이 오늘날 석어당 자리의 2층 건물로 옮겨 갔다. 이 건물은 1904년 덕수궁 대화재 때 불타버렸지만 즉조당 및 준명당과 함께 직후 다시 지어 오늘의 석어당에 이른다. 모두 덕수궁에서 가장 오래된 유서 깊은 건축물이다.

석어당 살구나무는 이런 역사의 현장에서 예쁜 꽃을 잔뜩 피우는 고목나무니, 언제 누가 왜 심었는지 모두 궁금해한다. 우선 헌종의 계비 명헌태후(효정왕후)의 71세 생일을 기념한 1901년의 진찬의궤進饌儀軌에서 보자(328쪽). 즉조당과 경운당(오늘날 준명당 자리) 앞에는 멋스러운 고목나무가 1그루씩 그려져 있다. 반면 석어당에는 나무가 그려져 있지 않다. 설령

활짝 꽃 핀 석어당 살구나무

나무가 있었다고 하더라도 1904년 화재로 없어졌을 것이다. 이후 일제강점기에는 확인이 안 되나, 1958년 촬영한 국가기록원 소장 사진에는 석어당 앞에 크고 작은 3그루의 나무가 찍혀있다. 이들 중 맨 오른쪽, 석어당 바로 앞의 좀 굵은 나무가 오늘날의 살구나무 고목이다. 사진상의 나무 굵기와 규모로 봐서 나이는 대체로 10여 년으로 보인다. 따라서 지금의 살구

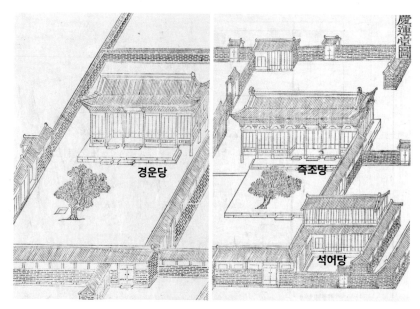

〈경운당도〉(《신축진찬의궤》, 1901년, 규장각한국학연구원 소장)

나무는 1948년경에 태어났으며 나이는 70살 전후로서 광복 후 우리 손으로 심은 나무다. 둘레가 한 아름 반이나 되므로 수백 년은 되었다고 짐작하기 일쑤다. 그러나 살구나무는 자람이 빠르므로 이렇게 실제 나이는 짐작한 것보다는 훨씬 어리다.

　　예부터 살구는 주요한 약재이며 살구나무 숲을 일컫는 행림杏林은 곧 의원을 지칭하는 말이기도 했다. 석어당의 살구나무는 다른 궁궐에서와 마찬가지로 임금님의 건강을 지키는 상징적인 의미를 부여하여 심은 것 같다. 창덕궁의 동궁이면서 내의원으로 잠시 쓰인 성정각에도, 대장금이 중종의 마지막을 지킨 창경궁 환경전에도 복원할 때 살구나무를 심었다. 조선시대 조정에서는 불을 새롭게 한다는 뜻으로, 절기가 바뀔 때마다

328

정관헌에서 바라본 1958년의 덕수궁 석어당과 지금의 살구나무로 추정되는 나무(국가기록원)

각기 다른 나무로 불을 피워서 나누어 주는 개화改火 의식이 있었다. 절기 입하立夏에는 살구나무 판에 구멍을 뚫어 대추나무로 비벼 불을 만들었다고 한다. 살구는 원래 백성들의 배고픔을 달래주는 주요한 먹거리 과일이지만 이처럼 궁궐에서도 귀한 대접을 받는 나무였다.

그 외 고목나무

석조전 계단 길 좌우에는 제법 고목 티가 나는 뚝향나무 2그루가 자란다. 뚝향나무는 우리나라 중남부 지방에 자라는 특산 나무로서 향나무의 한

석조전 계단 동쪽 뚝향나무. 서쪽에도 뚝향나무 1그루가 더 있다.

석조전 앞의 능수벚나무

변종이다. 높이는 4~5m 정도 자라고 굵기는 한 아름을 넘기기 어려우나 옆으로 넓게 퍼진다. 줄기에서 싹이 잘 나와 여러 갈래로 갈라지기 쉽다. 처음에는 하나의 줄기지만 자라면서 늘어진 가지가 땅에 닿아 다시 뿌리를 내리는 경우도 흔하다. 저수지나 밭둑의 흙이 흘러내리는 것을 막을 목적으로 심었으며 개울가에 있는 동네 우물을 보호하는 데도 한몫을 담당하였다. 이곳 뚝향나무는 무슨 목적으로 언제 심었는지는 명확하지 않다.

이 외에 준명당 정원 서쪽 끝에는 한아름이 훌쩍 넘는 V자로 갈라진 향나무 고목 1그루를 만날 수 있다. 또 석조전 앞의 배롱나무와 능수벚나무, 분수대 남쪽 길 옆의 굵은 은행나무들, 대한문 연못 앞의 측백나무와 모과나무 등 조금씩 고목 티가 나는 나무들은 모두 광복 후 우리 손으로 궁궐을 복원 정비할 때 심은 것으로 추정된다.

덕수궁의 고목나무

宗廟

종
묘

종묘의 고목나무

종묘는 조선왕조 역대 왕과 왕비의 신위를 모시고 제사를 지내던 국가 최고의 사당이다. 태조 이성계가 한양을 새 나라의 도읍으로 정하고 나서 바로 짓기 시작하여 1395년에 경복궁과 함께 완공했다. '궁궐의 왼쪽인 동쪽에 종묘를, 오른쪽인 서쪽에 사직단을 두어야 한다'는 고대 중국의 도성 계획 원칙을 따라 경복궁의 동쪽에 자리를 잡았다. 그 후 모셔야 할 신위가 늘어남에 따라 건물의 규모를 몇 차례 키워서 지금의 모습이 되었다. 종묘는 다른 궁궐과 마찬가지로 임진왜란 때 불타버렸다가 광해군 즉위년(1608)에 중건했다. 종묘는 정전正殿과 영녕전永寧殿으로 이루어지며 처음 정전에 모시다가 5대가 지나면 영녕전으로 옮기는 것이 원칙이었다. 그러나 치적이 많은 왕은 예외적으로 영녕전으로 옮겨 가지 않고 정전에 그대로 모시기도 했다. 종묘는 넓이 18만 6787㎡, 약 5만 6천 평이고 남북으로 긴 타원형 부지에 자리 잡고 있다. 조성할 때 기氣가 빠져나가지 못하도록 종묘 남쪽에 흙으로 조산造山을 했으며 음택陰宅으로서는 명당이라고 한다. 1995년 12월에 유네스코 세계유산으로 등재되었다. 또한 정전은 국보 227호, 영녕전은 보물 821호, 종묘제례악과 종묘제례는 국가무형문화재 1호와 국가무형문화재 56호로 지정되어 있다.

종묘 조성 당시에는 소나무가 정전과 영녕전을 둘러싸고 있었다. 그러나 지금은 소나무가 거의 없어지고 잣나무와 아름드리 갈참나무가 숲을 이루고 있다. 조선 말기와 일제강점기를 거치

일제강점기 당시, 1931년 이후의 종묘(국립중앙박물관 소장 유리건판)

면서 관리가 소홀하여 갈참나무 등 다른 나무들과의 경쟁에 진 소나무가 거의 없어진 것이다. 지금 자라는 나무의 종류는 87종에 1만 3349그루에 이른다. 이들 중 큰키나무는 64종 3028그루, 작은키나무는 23종 1만 321그루다. 큰키나무는 잣나무 810그루 27%, 참나무 784그루 26%, 때죽나무 340그루 11%이고 이어서 느티나무, 소나무, 산벚나무, 팥배나무, 귀룽나무의 순으로 많다. 소나무는 건물 주변과 향대청 뒤편 숲속에 자라며 118그루로 전체 큰키나무의 4%에 불과하다. 참나무의 대부분은 갈참나무다. 종묘의 고목나무도 갈참나무가 가장 많으며 그 외 소나무, 회화나무, 잣나무, 느티나무, 은행나무 등 100여 그루에 이른다. 꽃 피는 나무로는 하얀 꽃이 피는 때죽나무가 가장 눈에 잘 띈다. 흰 꽃색은 옛 상복의 색이기도 하면서 깨끗한 느낌이라 종묘의 경건하고 엄숙한 분위기와 잘 맞는다. 때죽나무 이외에도 종묘에는 쪽동백나무, 귀룽나무, 팥배나무 등 흰 꽃이 피는 나무가 유난히 많다.

종묘에는 원래 꽃나무가 거의 없었으나 지금은 진달래, 철쪽, 개나리 등 꽃나무가 상당히 자라고 있다. 대부분 최근에 심은 것들이다.

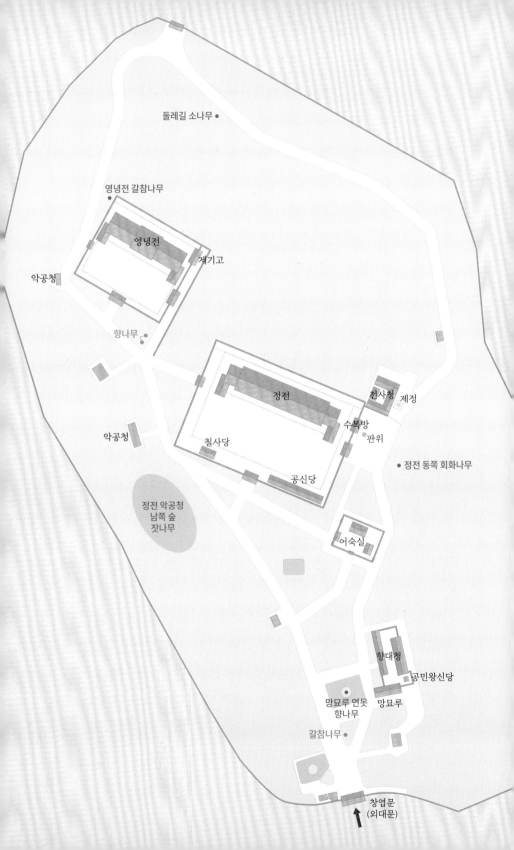

둘레길 소나무 •

영녕전 갈참나무
•

영녕전

재기고

악공청

향나무
•

정전

전사청
제정

악공청

수복방

칠사당

판위

• 정전 동쪽 회화나무

공신당

정전 악공청
남쪽 숲
잣나무

어숙실

향대청

공민왕신당

망묘루 연못
향나무

망묘루

갈참나무 •

창엽문
(외대문)

망묘루 연못의 향나무

종묘 정문(외대문)인 창엽문을 들어서서 잠시 걸으면 바로 사각형의 아담한 연못을 만난다. '종묘를 바라보는 누각'이란 뜻의 높다란 망묘루望廟樓 바로 옆이다. 연못 가운데의 동그란 작은 섬에는 향나무 고목 1그루가 다소곳이 자리를 잡았다. 비스듬하게 휘어져 자라는 모습에서 세월의 흔적을 그대로 간직한 고목나무임을 금방 알 수 있다. 줄기 몇 군데에 큰 구멍이 보이고 속살은 이미 오래전에 썩어버렸다. 그래도 줄기 둘레 한 아름이 넘으며 키 10m 넘을 정도로 비교적 건강하게 자라고 있다.

이 향나무는 나이에 논란이 있지만 필자는 임진왜란으로 종묘가 불타버린 다음, 광해군 즉위년(1608) 복원할 때 심은 것으로 짐작한다. 그래서 지금 나이는 400살이 조금 넘는 셈이다. 종묘에서 가장 나이가 많은 터줏대감이다.

향나무는 자라는 속도가 굉장히 느린 나무인데 숙종 32년(1706)에 만든 《종묘의궤》에는 연못의 가운데 섬에 향나무가 그려져 있다(340쪽). 어린 나무라면 아예 그려 넣지 않았을 터인데 어느 정도 모양을 갖춘 큰 나무로 보인다. 아마 복원 당시에 심은 향나무가 70여 년 자란 것으로 짐작된다. 이어서 영조 17년(1741)에 제작한 《종묘의궤속록》에는 훨씬 크게 V자로 갈라져 자라는 향나무가 확인된다. 이후 자라면서 한쪽 줄기는 없어지고 지금처럼 외줄기가 휘어진 모습이 된 것으로 짐작한다. 물론 의궤의 성격상 연못 안에 자라는 나무를 구체적으로 묘사하지는 않았겠지만, 이 의궤에서는 잎 모양까지 비교적 상세하여 그 나무가 건강한 향나무임을 알 수 있다. 의궤에 보이는 외대문 좌우의 조산造山은 모두 없어졌고 오

망묘루 연못의 향나무

늘날 외대문 안 왼편의 다른 연못은 1985년 종묘를 정비할 때 새로 만들었다고 한다.

종묘는 돌아가신 임금께 제사를 올리는 공간으로서 향은 가장 중요한 제수용품이다. 물론 향은 따로 충분히 준비해 두겠지만 종묘 안에 상징적인 의미로도 향나무는 필요하다. 창건 당시부터 향나무는 있었을 것이고 복원하면서도 향나무를 다시 심어 그중 하나가 살아남았다고 생각

종묘의 고목나무

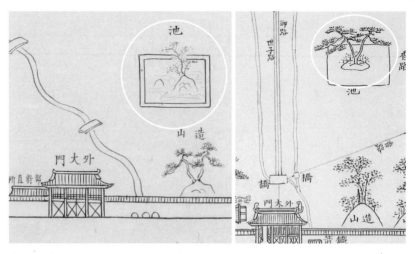

《종묘의궤》(1706년, 규장각한국학연구원 소장) 일부 　　《종묘의궤속록》
(1741년, 규장각한국학연구원 소장) 일부

된다. 오늘날은 이곳 향나무를 비롯하여 영녕전 앞에도 고목 향나무가 몇
그루 자라고 있다.

정전 악공청 남쪽 숲 잣나무

종묘의 큰키나무 3천여 그루 중 27%에 해당하는 810그루가 잣나무일 만
큼 종묘에는 잣나무가 많다. 그러나 가장 굵은 잣나무도 굵기가 한 아름이
채 안되며 나이도 80살 남짓이다. 따라서 1940년 전후부터 자라온 것으
로 생각할 수 있다. 또 1984년경 다른 궁궐과 함께 종묘에 나무를 새로 심
고 가꿀 당시에 큰 나무를 상당수 가져다 심은 것으로도 짐작할 수 있다.
정전 악공청 남쪽 자연림 안에 자라는 대표적인 잣나무 고목나무는 줄기

정전 악공청 남쪽 숲에 자라는 잣나무

지름 40cm, 키 19m, 추정 나이 약 80여 살로 짐작한다.

　　잣나무는 어릴 때 햇빛이 적게 드는 것을 좋아하는 음수陰樹다. 소나무를 비롯한 다른 나무들이 그늘을 만들어주는 것을 좋아한다 하여 '송무백열松茂栢悅'이란 말도 있다. 잣나무는 소나무와 함께 사시사철 변함이 없다. 그래서 송백松柏이란 이름으로 선비의 지조를 나타내는 대표 나무였다. 곧게 자라고 나무질이 좋아 관재棺材에서 건축재까지 두루두루 쓰였

종묘의 고목나무

다. 잣나무는 우리의 역사에 수없이 등장하고 목재가 광범위하게 쓰였을 뿐만 아니라 열매인 잣을 식용하는 나무로 너무나 친숙하다. 이렇게 우리의 대표적인 전통 나무이면서 주변에 흔한 나무지만 큰 고목나무는 만나기 어렵다. 원래 잣나무는 북부 지방에 많이 자라므로 보호수로 지정된 고목나무는 주로 강원도에 있다.

영녕전 갈참나무

참나무 종류 중 갈참나무는 인가 근처의 구릉지에서 비교적 흔히 만날 수 있다. 앞서 살폈듯이 종묘의 약 3천 그루에 이르는 큰키나무 중 잣나무가 810그루로 가장 많지만, 참나무도 780여 그루로 그다음으로 많다. 종묘의 참나무는 갈참나무가 압도적으로 많다. 큰 키로 높이 자라고 가지도 넓게 펼쳐, 종묘에 들어갔을 때 잣나무보다 가장 눈에 잘 띄는 나무 역시 갈참나무다. 넓은 수관과 큰 키로 숲의 상층을 점유할 뿐만 아니라, 하층에도 어린 나무들이 많이 자라고 있다.

가까운 창덕궁에도 가장 많은 참나무는 역시 갈참나무다. 서울 근교에 있는 조선왕릉에 자라는 참나무 종류도 갈참나무가 가장 흔하다. 일부러 갈참나무를 골라 심지 않았나 하는 의견도 있지만 그런 흔적은 찾기 어렵다. 갈참나무는 습기가 적당하고 지대가 낮은 구릉지에 잘 자라는 특성이 있으므로 궁궐이나 종묘 및 왕릉과 같은 곳이 적절한 환경인 것 같다.

영녕전 서북쪽 담장 밖에는 종묘에서 가장 큰 갈참나무 1그루가 위용을 뽐낸다. 키 16m, 줄기 둘레는 거의 두 아름이 훨씬 넘는 3.8m에 이른

영녕전 서북쪽 담장 밖에 있는 영녕전 갈참나무

다. 나이는 약 130살로 추정한다. 또 외대문을 들어서서 바로 만나는 종묘
안내판 너머의 갈참나무는 나이가 약 120여 살이지만 줄기 둘레는 4.2m
에 이른다. 종묘에서 갈참나무 고목은 줄기 둘레 3m가 넘는 아름드리가
7그루, 2m가 넘는 나무는 60여 그루에 이른다. 대체로 일제강점기 초기인
1920년대부터 자라는 갈참나무들이다. '갈참나무'란 이름은 가을참나무
에서 온 것으로 필자는 짐작하고 있다. 가을이면 커다란 잎사귀가 황갈색

종묘의 고목나무

으로 변하는 갈참나무를 보고 가을을 먼저 느끼지 않았나 싶다. 갈참나무 도토리는 상수리나무와 졸참나무의 중간 크기이고 덮개 비늘이 기왓장처럼 덮여 있다. 신갈나무 잎과 닮았으나 잎자루가 있는 것이 차이점이다.

둘레길 소나무

종묘에서 가장 오래되고 큰 소나무는 둘레길 북쪽 창경궁과 경계 지역에서 만날 수 있다. 키 18m, 둘레는 한 아름이 채 안 되는 1.3m 정도다. 대체로 광복 전후인 1945년경부터 자라는 것으로 지금의 나이는 약 80살로 짐작된다.

조선왕조실록에는 종묘를 조성하기 이전부터 소나무가 많이 자라고 있었음을 알 수 있다. 원래 고려왕조의 종묘가 있던 자리에 조선왕조 종묘를 세우면서 태조는 자라고 있던 소나무를 베지 말도록 지시했다. 이어서 송충이를 잡았다는 기록도 있다. 세종 때는 화재가 날 염려가 크다고 하여 소나무를 솎아내었으며 인접한 수강궁 자리를 보완하기 위하여 소나무를 심었다. 중종 때는 종묘 담 밖에서 시작된 불이 종묘 숲 안의 소나무를 태워버리고 일부 소나무에는 벼락이 치기도 했다. 광해군 때는 전사청의 큰 소나무가 비바람에 쓰러져 신정神井의 담을 무너뜨렸으며, 숙종 때는 소나무 80여 그루가 바람에 넘어졌다고 한다. 선조 때는 종묘의 쓰러진 소나무 4그루를 왕자의 길례 대사大祀에 이용했다. 영조 때는 영녕전 담장 밖의 큰 소나무가 넘어져 위안제를 지냈다고 한다.

따라서 대체로 영조 이전까지 종묘에는 지금과는 달리 소나무가

북쪽 둘레길의 소나무

종묘의 고목나무

정전 동쪽 숲속의 회화나무 고목(하단 v 표시)

많이 자라고 있었음을 알 수 있다. 영조 이후 조선 말기로 접어들어 종묘의 식생 관리가 소홀해지면서 참나무 등 다른 넓은잎나무에 밀려 소나무는 차츰 사라졌다. 소나무는 경쟁 상대인 넓은잎나무를 지속적으로 제거해 주지 않으면 광합성을 제대로 하지 못해 결국 없어지기 마련이다. 조선왕조 내내 조선의 정신적인 지주로 철저히 관리되던 종묘의 숲은 혼란스런 조선 말기와 일제강점기를 거치면서 지금과 같이 소나무가 거의 없는 참나무와 잣나무 숲이 되어버린 것이다.

정전 동쪽의 회화나무

정전 동쪽 출입문 건너 둘레길 숲에는 키 15m, 줄기 둘레가 3m 정도로 두 아름에 이르는 회화나무 1그루가 자란다. 측정된 나이는 170여 살이나 된다. 대체로 25대 임금 철종의 치세인 1850년경부터 자라는 것으로 짐작된다. 관람로에서 숲 안으로 5m쯤 들어간 울창한 숲속에서 다른 나무들과 경쟁하느라 삶이 편편치 않다. 궁궐에 주로 심고 선비를 상징하는 나무이기도 한 회화나무지만 종묘에는 흔치 않다. 이 나무는 종묘에서 회화나무로서는 가장 나이가 많으니 특별히 보호해 줄 필요가 있을 것 같다.

그 외에도 종묘의 큰 나무는 느티나무, 은행나무, 들메나무, 향나무 등이 있으나 나이는 대부분 100살 이하다.

종묘의 고목나무

주요 참고문헌

강희안/서윤희·이경록 역,《양화소록-선비화가의 꽃 기르는 마음》, 눌와, 1999

고려대학교박물관·동아대학교박물관,《동궐東闕》, 2012

국립고궁박물관,《대한제국》, 2010

국립고궁박물관,《문예군주를 꿈꾼 왕세자 효명, 국립고궁박물관 특별전》, 2019

국립고궁박물관,《이화문》, 2023

국립문화재연구소,《한국 역대 서화가 사전》, 2011

국립산림과학원,《북악의 나무와 풀》, 2011

김동욱·유홍준 외 9인,《창덕궁 깊이 읽기》, 글항아리, 2012

김세현·정헌관,《우리 생활 속의 나무이야기》, 산림과학원, 2019

김태영·김진석,《한국의 나무》, 돌베개, 2018

대통령경호처,《청와대와 주변 역사·문화유산》, ㈜넥스트 커뮤니케이션, 2019

문화재청,〈경복궁 수목대장〉, 2009

문화재청,《경복궁 후원 기초조사연구》, 2022

문화재청,《대통령, 청와대에 나무를 심다》, 2022

문화재청,《덕수궁 조경정비 기본 계획》, 2016

문화재청,《동궐의 주요 식생 분석 및 가림시설 원형 고증연구》, 2016

문화재청,《동궐(창덕궁)의 전통경관 고증 및 조경 복원정비 종합계획 연구》, 2020

문화재청,《사진으로 보는 경복궁》, 2006

문화재청,《생육환경에 따른 느티나무 노거수 생리반응 특성》, 2022

문화재청,《전통조경 고문헌 분석 및 문헌자료 활용체계 마련》, 2022

문화재청,《종묘 식생 분석 및 전통조경 관리방안 연구》, 2016

문화재청,《창경궁 주요 식생 조사 및 전통조경 관리방안 연구 용역보고서》, 2016

문화재청,《창덕궁·종묘 원유》, 2002

박상진,《궁궐의 우리 나무》, 눌와, 2023

박상진,《우리 나무의 세계Ⅰ·Ⅱ》, 김영사, 2011

박상진,《청와대의 나무들》 눌와, 2022

박정혜,《조선시대 궁중기록화 연구》, 일지사, 2000

서울시립대학교,《창덕궁 후원 생태·경관보전지역 관리계획》, 서울시, 2009

서울역사박물관,《미국 의회도서관 소장 서울 사진: 네 개의 시선》, 2024

신희권,《창덕궁, 왕의 마음을 훔치다》, 북촌, 2019

안완식,《우리 매화의 모든 것》, 눌와, 2011

안창모,《덕수궁》, 동녘, 2009

안휘준,《동궐도 읽기》, 문화재청, 2005

안휘준,《옛 궁궐 그림》, 대원사, 1997

역사건축연구소,《우리 궁궐을 아는 사전 1 창덕궁-후원-창경궁》, 돌베개, 2015

유홍준,《나의 문화유산답사기 5-다시 금강을 예찬하다》, 창비, 2011

유홍준,《나의 문화유산답사기 9-서울편 1》, 창비, 2017

이경재,《전통 공간 숲의 변화》, 광일문화사, 2020

이선,《우리와 함께 살아온 나무와 꽃-한국전통조경 식재》, 수류산방, 2006

이철원,《왕궁사》, 동국문화사, 1954

임경빈, 우리 숲의 문화, 광림공사, 1993

임경빈/이경준·박상진 편,《이야기가 있는 나무백과 1·2·3》, 서울대출판문화원, 2019

정민,《새 문화사전》, 글항아리, 2014

정약용/김종권 역,《아언각비》, 일지사, 1992

정약용/송재소 역주,《다산시선》, 창작과비평사, 1997

최종덕,《조선의 참 궁궐 창덕궁》, 눌와, 2012

한영우,《조선의 집 동궐에 들다》, 열화당/효형출판, 2006

한영우,《창덕궁과 창경궁》, 열화당, 2003

허준/조헌영·김동일 외 역,《동의보감-탕액·침구편-》, 여강, 2007

홍길주 외 31인/안대희·이현일 편역,《한국 산문선 9-신선들의 도서관》, 민음사, 2017

홍순민,《한양 읽기 궁궐(상, 하)》, 눌와, 2017

小田省吾,《德壽宮史》, 이왕직, 1938

上原敬二,《樹木大圖說Ⅰ·Ⅱ·Ⅲ》, 有明書房, 1964

郑万钧 외,《中国树木志, 中国林北出版社》, 1985

北村四郎·村田源,《原色日本植物図鑑 木本編 1·2》, 保育社, 1994

王槩,《芥子園畫譜-樹譜·梅譜·翎毛畫譜》, 浙江人民美術出版社, 2014

국가기록포털(국가기록원) archives.go.kr

국가생물종지식정보시스템 nature.go.kr

국립중앙박물관 museum.go.kr

문화재청 궁능유적본부 royal.cha.go.kr

서울역사박물관 museum.seoul.go.kr

조선왕조실록 sillok.history.go.kr

한국종합고전DB db.itkc.or.kr

사진 출처 및 유물 소장처

간송미술관 284

개인 소장 36우, 224

게티이미지뱅크 73, 189, 221, 270

경기도박물관 81우상

고려대학교박물관 23, 26~27, 30, 33,
　　36좌, 37좌, 38좌, 39좌, 40, 41좌,
　　42, 43, 45, 46좌, 47상, 48좌, 49,
　　50좌, 51좌, 52, 53, 54좌, 55,
　　56하, 65, 67, 74, 75, 80, 85상, 87,
　　91, 93, 99, 103, 107, 109, 113,
　　116, 119, 122, 126~127, 131, 141,
　　145, 149, 154~155, 157상, 160,
　　165상, 169우, 173, 181, 188, 195,
　　197, 203, 212~213, 215상, 218,
　　222, 225, 228, 233, 239, 242,
　　247, 256상, 257상, 258상, 259상,
　　260상, 261상, 286

국가기록원 166상, 329

국립고궁박물관 81우하, 117, 132우,
　　307상

국립문화재연구원 118

국립수목원 319좌

국립중앙박물관 51우, 81좌상, 83, 139,
　　165하, 166하, 169좌, 190, 204상,
　　215하, 234, 288, 298, 301, 323,
　　335

궁능유적본부 창덕궁관리소 58~59,
　　153

규장각한국학연구원 328, 340

대만국립도서관 69

동북아역사재단 38우

동아대학교박물관 81좌하, 101좌,

256하, 257하, 258하, 259하,
　　260하, 261하

리움미술관 37우

문화재청 129, 199, 204하, 291

미국 의회도서관 163

미국 자연자원보호청(NRCS) 20

박상진 39우, 56좌상, 85하, 101우,
　　115, 123, 134, 157하, 170, 184,
　　186, 230, 246, 273, 275, 302,
　　303, 313, 314, 339, 343, 345

서울대학교박물관 132좌

서울역사박물관 71, 274, 307하

서울특별시 한양도성도감 11

울릉도·독도 지질공원 98

위키미디어커먼스 320좌

이순우 264~265

일본 궁내청 312

중국 상해도서관 41우, 47하, 48우,
　　54우, 56우상

크라우드픽 97, 269, 304~305

프랑스 국립기메동양박물관 159

픽스타 150, 183, 206~207, 237, 244

홍익대학교박물관 282~283

출처가 명기되지 않은 사진은
눌와의 사진이다.

350

찾아보기

주요 작품 및 문헌

동궐도, 옛 그림, 사진과 함께 보는
궁궐의 고목나무

초판 1쇄 인쇄일 2024년 5월 27일
초판 1쇄 발행일 2024년 6월 12일

지은이 박상진

펴낸이 김효형
펴낸곳 (주)눌와
등록번호 1999.7.26. 제10-1795호
주소 서울시 마포구 월드컵북로16길 51, 2층
전화 02-3143-4633
팩스 02-6021-4731

페이스북 facebook.com/nulwabook
인스타그램 instagram.com/nulwa1999
블로그 blog.naver.com/nulwa
전자우편 nulwa@naver.com
편집 김선미, 김지수, 임준호
디자인 엄희란

제작진행 공간
인쇄 더블비
제본 대흥제책

책임편집 임준호
표지·본문 디자인 엄희란

ISBN 979-11-89074-72-2 (03910)